The First Practical AI Tutorial for Middle School Students

中學生的第一堂
AI實戰教學

了解人工智慧研究的發展
生成式AI熱潮與技術應用

InfoVisual研究所／著

中學生的第一堂 AI實戰教學 目次

序言
我們即將與擁有人格的電腦
「HAL9000」相遇 …………………… 4

大圖解／認識AI的現況
AI歷史上最重大的突破，2022年ChatGPT問世 …………… 6

Part 1 AI的歷史

1 懷抱人工智慧夢想的四位科學家，他們的樂觀理論與挫折 …………… 8

2 冷靜後的科學家，試圖以專家系統捲土重來 …………… 10

3 AI寒冬期，機器學習默默發展，逐漸投入商業應用 …………… 12

4 深度學習問世！AI再次站上表演舞台 …………… 14

5 人類大腦的電腦模型化，將會通往「強人工智慧」？ …………… 16

6 AI進化將對我們的未來造成什麼樣的衝擊？ …………… 18

Part 2 AI的基礎知識

1 模仿人類大腦構造的類神經網路是什麼？ …………… 20

2 AI的基礎是「監督學習」，整理與分類大量的資料 …………… 22

3 下一步是「無監督學習」，分類資料並判斷機率 …………… 24

4 以自行試錯為學習方式的「深度學習」 …………… 26

5 ChatGPT登場！倍受矚目的生成式AI …………… 28

6 ChatGPT是如何像人類一樣掌握語言的？ …………… 30

7 只要善用影像生成AI，人人都能成為藝術家?! …………… 32

8 嘗試用影像生成AI製作一本書的封面 …………… 34

9 夢想般的自動駕駛汽車，隨著AI登場邁向新階段 …………… 36

10 日本與歐美開發的機器人，會在配備AI大腦後超越人類嗎？ …………… 38

11 成熟的數位化社會加速了AI的發展 …………… 40

Part 3 在AI影響下轉型的工作

1 AI擅長的領域
AI會取代哪些勞動？
人類又有哪些無法取代的能力？ ……… 42

2 公司轉型
隨著AI與機器人的引進，
糖果公司將會發生什麼變化？ ……… 44

3 醫療①
在醫療AI的協助下，
醫護人員與醫院將會發生什麼變化？ ……… 46

4 醫療②
AI將整合個人醫療、
地區醫療與先進醫療服務 ……… 48

5 金融
AI與金融業的高度契合，
提升了業務效率與顧客滿意度 ……… 50

6 農業
引進AI系統後，農村的變化最為顯著？
加速發展的智慧農業 ……… 52

7 土木、建築
AI自動化與機器人，
解決建設現場人力不足與技術斷層問題 ……… 54

8 AI工廠
工業用機器人普及化，
智慧工廠浪潮勢不可擋 ……… 56

9 物流
物流產業AI化，
改善3K問題促進產業結構轉型 ……… 58

10 服務業
透過AI解決餐飲、零售等
接待服務業人力不足與排隊問題 ……… 60

11 商品開發
新商品開發部門引進AI，
將會發生什麼樣的變化？ ……… 62

12 創意產業
創意產業在生成式AI的衝擊下
必須面對的變化 ……… 64

13 關鍵職業
新冠疫情讓AI無法取代的
職業浮上檯面 ……… 66

14 照護
高齡照護現場最欠缺的
也許是AI排泄輔助機器人 ……… 68

15 安全
AI安全社會與
監控社會的界線何在？ ……… 70

Part 4 AI與人類的未來

1 AI會超越人類的大腦嗎？
對開發者的樂觀提出警告 ……… 72

2 奇異點之後，
等待我們的是陰鬱的未來嗎？ ……… 74

3 AI會帶來哪些危害？
現況與未來預測 ……… 76

4 AI成為人類之敵前
接連響起的四次警鐘 ……… 78

5 當使用者心懷惡意，
AI將化身為殺人武器 ……… 80

6 描繪AI未來的虛構故事①
從古代人造人到
現代工作機器人 ……… 82

7 描繪AI未來的虛構故事②
人類與AI從對立走向共存，
最後邁向融合 ……… 84

8 生活的目的是為了獲得「幸福」，
然而AI能帶給人類「幸福」嗎？ ……… 86

9 未來會出現原子小金剛般的AI
帶領人們走向正義嗎?! ……… 88

| 結語 ……… 90
| 參考文獻 ……… 91
| 索引 ……… 92

我們即將與擁有人格的電腦「HAL9000」相遇

各位聽過「HAL9000」嗎？HAL9000是經典科幻電影《2001太空漫遊》中登場的AI（人工智慧），這部電影由導演史丹利庫柏力克執導拍攝，並與作家亞瑟克拉克共同編劇創作而成。

在電影《2001太空漫遊》中，「HAL9000」是伊利諾州的HAL研究所中運轉的3號同型機，其開發者是蘇布拉馬尼安錢德拉塞卡蘭皮萊（Sivasubramanian Chandrasegarampillai），通稱錢德拉博士

HAL9000搭載於木星探測太空船「發現號」，不僅能與人類對話，還掌控整艘太空船的運作，在電影情節裡，HAL9000因為接受人類矛盾的指令而陷入混亂，不斷奪走船員的性命。這部電影於1968年上映時震撼全球，「HAL」自此成為AI擁有反叛人類「性格」的象徵。

本書為2018年出版《圖解AI：從計算機的誕生到超越人類智慧的AI》的新裝修訂版，而促成2024年新版誕生的契機正是HAL。

在2018年版的首頁總覽圖中，HAL出現於AI研究歷史概觀的最後，但是當時只有把HAL當成是「未來」可以與人類對話的「虛構AI」來介紹。

然而，短短數年間，AI研究出現驚人的突破，HAL絕對不再只是幻想中的產物，如今的AI不僅能夠進行正常的對話，還具備廣泛的知識能夠回答人類的問題。

為了探討新AI開創的未來，本書加入最新資訊，重新檢視對未來的預測。

當HAL在極短的未來問世後，人類矛盾的心理是否能避免跟AI的邏輯思考產生衝突呢？這正是我們希望與讀者共同思考的問題。

「打開艙門，HAL」

「抱歉，恕難從命」

「你在說什麼？」

「繼續說下去也不會有結果的」

「再見了」

引用自華納兄弟《2001太空漫遊》官方預告

大圖解 認識AI的現況

AI歷史上最重大的突破，2022年ChatGPT問世

1956年

1 利用電腦創造人類大腦

人類自古以來的夢想

來製作像人類一樣思考的人造人吧！

目前還辦不到!!

電腦性能的驚人提升

模仿大腦神經元的類神經網路誕生，並成為現在深度學習的基礎，而大腦功能的機制也逐漸被解明

1980年代

2 專家系統誕生

嘗試與人腦不同的思考方式

也失敗了!!

AI的寒冬期

但基於這項成果

促使工業機器人誕生

迎向AI新時代

若AI（人工智慧）即將擁有「自我」意識，並開始記錄自身成長歷程，或許它們會將2022年視為智慧誕生的起點。

1956年，人工智慧之父馬文明斯基樂觀表示：「再過幾年，人工智慧就能誕生」，在他的樂觀言論鼓舞下，AI開發研究正式展開。然而，在接下來將近50年的時間裡，AI研究卻屢遭挫折，原因包括對人類智慧的理解不足，以及當時驅動AI的電腦運算能力有限等等，使得AI研究經歷了漫長的寒冬期。

2006年，隨著模擬人類大腦構造的類神經網路發展，深度學習（Deep Learning）技術應運而生，讓AI長年的困境終於出現突破。過去，AI一直在人類制定的規則裡反覆進行推理，而經由深度學習的訓練，AI出現了驚人的進化。

隨即在2022年，能夠像人類一樣對話並回答廣範圍問題的生成式AI——ChatGPT正式問世。進化後的生成式AI不僅能撰寫文章，還能製作影像與創作歌曲，彷彿擁有獨立的智慧。這項智慧

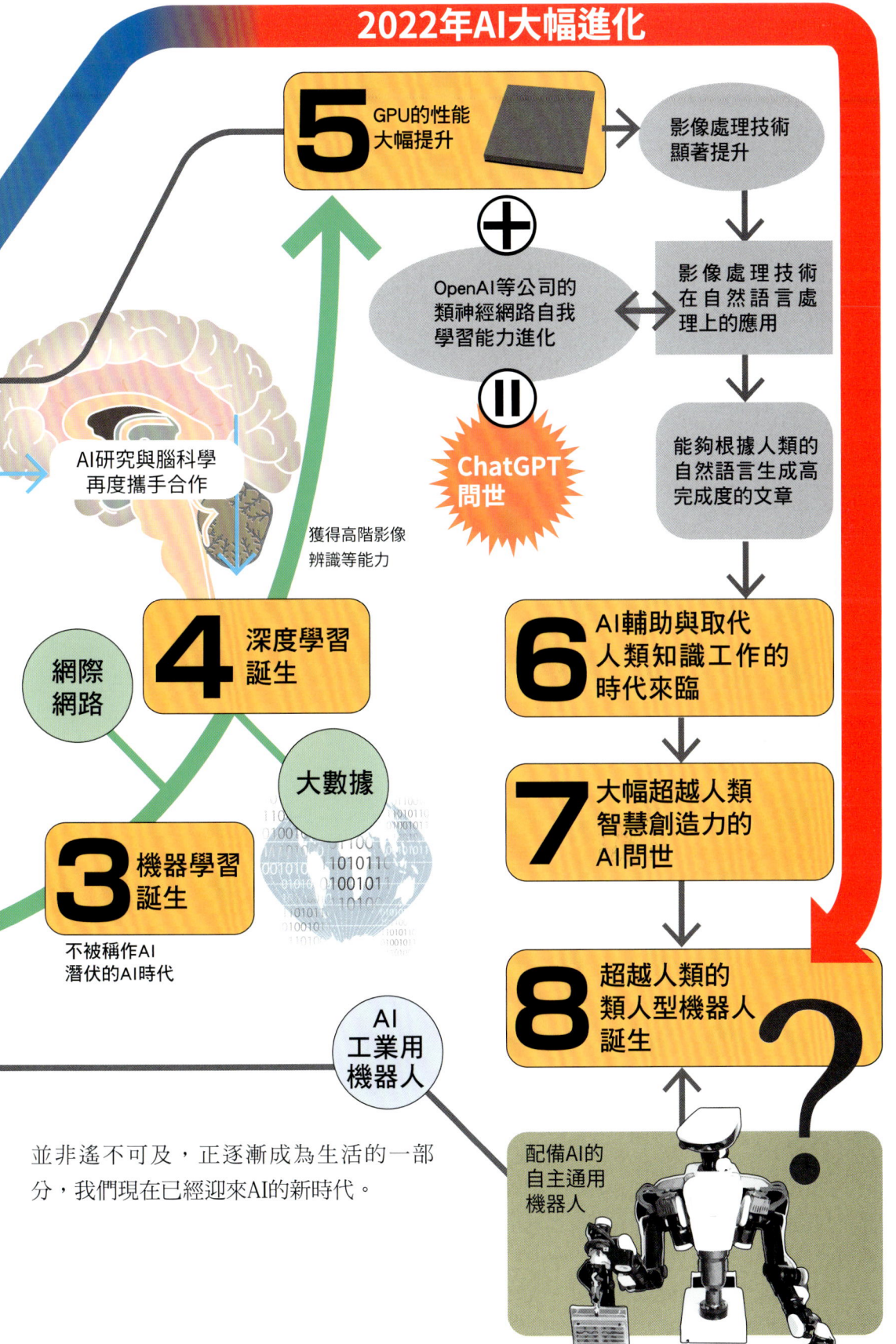

並非遙不可及，正逐漸成為生活的一部分，我們現在已經迎來AI的新時代。

Part 1 AI的歷史 1

懷抱人工智慧夢想的四位科學家，他們的樂觀理論與挫折

1956年
全球首次
AI（人工智慧）
開發會議於
達特茅斯學院
舉行

在麥卡錫的召集下，當時最頂尖的電腦科學家聚集到達特茅斯學院舉行會議，並在這場會議後開啟AI的研究

我們將這項研究稱為
Artificial Intelligence

約翰・麥卡錫
（1927～2011）
人工智慧研究的先驅，同時是史丹佛大學的教授，研究AI應用的程式語言等領域，奠定日後AI研究的基礎

馬文・明斯基
（1927～2016）
電腦科學家、認知科學家，麻省理工學院人工智慧研究所的創辦人，建立類神經網路的研究基礎，被稱為「人工智慧之父」

克勞德・夏農
（1916～2001）
資訊理論的先驅，將電子電路的開關轉換為ON／OFF訊號，證明了邏輯運算的可行性，並奠定了數位電路的概念，讓電腦製作得以實現

納撒尼爾・羅切斯特
（1919～2001）
IBM的電腦科學家，設計IBM701並開發該電腦用的組合語言，在擔任IBM技術主任後，負責開發後續的IBM電腦

通用電腦問世

IBM701

● AI無法超越人類幼兒的原因

　　AI的歷史始於1956年，當時四名科學家齊聚美國達特茅斯學院，提出他們宏大的樂觀理論。隨著腦神經科學研究的進展，以及劃時代的通用電腦問世（可以進行廣泛應用的大型電腦），他們的想像力一下子被點燃。

　　當時這幾位科學家認為，電腦可以將資訊轉換成數位符號，人類的語言也可以轉換成符號，因此知識本身也能夠進行符號化。會議的發起人約翰麥卡錫，還利用這些符號撰寫出機器語言的程式，並宣稱只要持續強化程式的內容，很快就能打造出擁有人類知識的電腦，並將其命名為「人工智慧（AI）」。

　　然而，事情並沒有這麼簡單，這四位科學家在面對擁有理解世界無限知識量的人類大腦面前，茫然地不知所措。

　　假設這裡有一隻貓，人類的幼兒首先會認識到貓是一種生物，自然而然地學會牠所擁有的屬性，接著記住貓這個詞彙，逐漸掌握關於貓的概念。

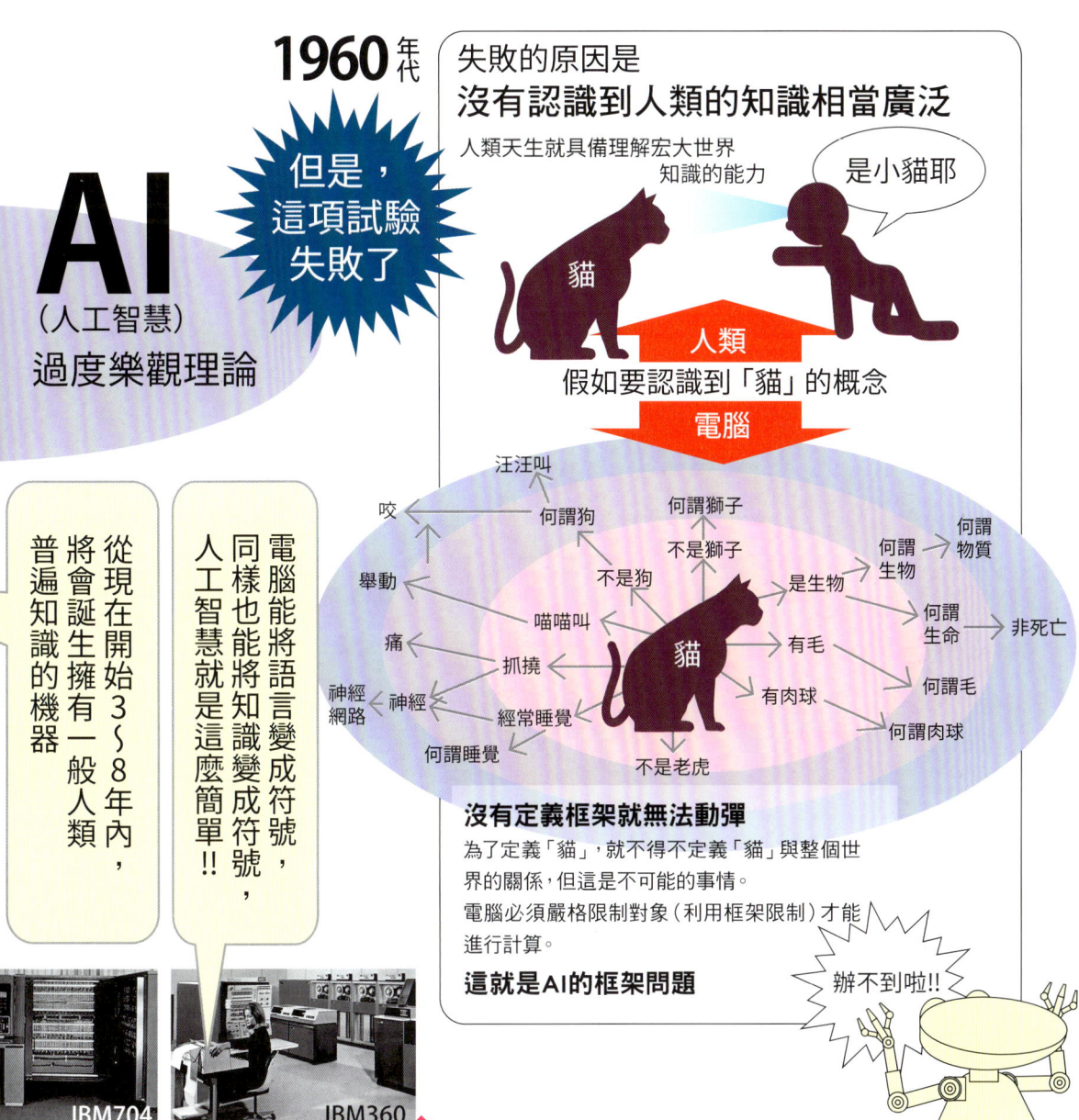

　同樣的事情讓電腦來進行，即使將「貓」的名稱符號化，也與現實存在的貓沒有直接關聯。為了讓電腦理解貓這個生物概念，必須要讓電腦有貓作為生物的所有屬性與記憶，這相當於要賦予它整個世界的知識。因為這其中存在的是沒有明確框架（Frame）、綿密交錯的知識之網，然而AI只能處理框架內的問題，因此這被稱為AI的「框架問題」。人類幼兒能輕易做到，但對電腦卻極其困難的事情也稱為「莫拉維克悖論」，其名稱取自AI研究者漢斯莫拉維克之名，直到今日，這項悖論仍是AI研究中尚未解決的難題。

AI的歷史

9

冷靜後的科學家，試圖以專家系統捲土重來

愛德華·費根鮑姆（1936～）
創立史丹佛大學的知識系統研究所，被稱為「專家系統之父」

1962年間，美國的工業用機器人誕生 → 在日本掀起工業用機器人熱潮

專注於AI擅長的專業知識

在達特茅斯學院的熱情討論，時過境遷之後終究還是消退了。在人類知識沒有盡頭的世界觀面前，想要讓電腦擁有人類智慧的構想，因為受限於框架問題顯得舉步維艱。

在AI研究退潮的時代裡，陸陸續續出現更加實際的研究者，其中以卡內基梅隆大學出身的愛德華費根鮑姆為代表。他認為不需要讓電腦學習不擅長的人類常識，而是要讓電腦發揮自己的強項，也就是計算和推理。

他先分析光的波長，設計出一套系統來識別該物質的化合物種類。在這樣極度專業且範圍有限的領域中，只要獲得某種條件的測量結果，就能透過反覆進行「這是否為○○？」的規則來推導出答案。這種推理思考就如同人類在特定領域中的專家（Expert）一樣，而認為電腦可以取代專家能力的人們，將它稱為專家系統。

1980年代，專家系統掀起巨大的熱潮。全球湧現許多開發專家系統的新創企業，推出上千種專家系統，例如行政事務計算、銷售支援、建設管理、物流、天氣預報、工廠生產設備等等，其應用涵蓋整個產業界。

然而，輸入龐大的專業知識仍需由人類親手執行。這項工作必須耗費大量的人力，好景不長，專家系統不久後便浮現相同的問題，那就是電腦只能處理經過規則化後的資訊，於是AI研究再度陷入停滯。

日本工業用機器人的進化

人類的思考可以說是無數例外的集合，專家系統面臨嚴謹規則外的各種問題無法提供有效的答案。這份失望與產業界的高度期待形成巨大落差，對AI研究帶來嚴重的影響，使其進入漫長的寒冬期。

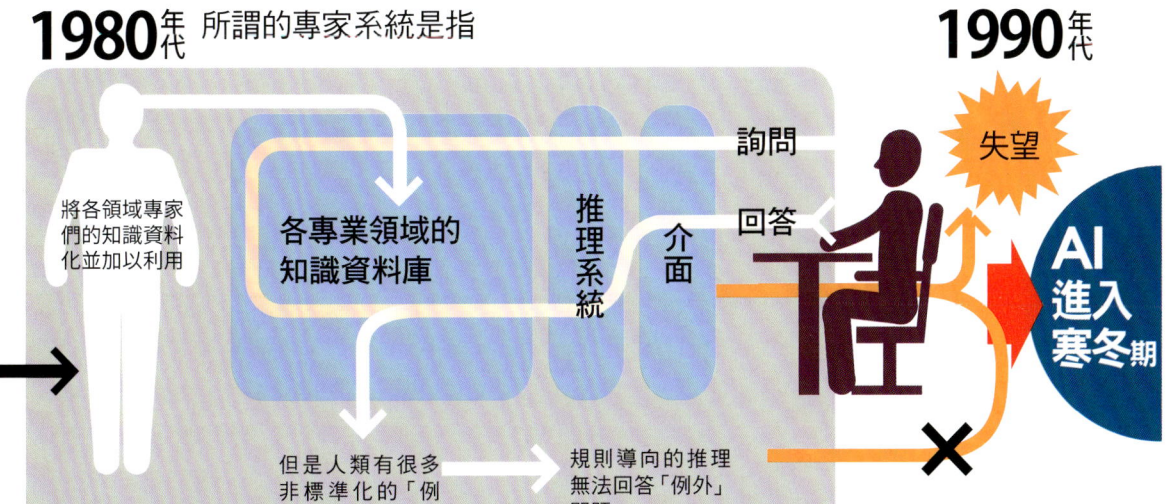

當時的日本並沒有受到這股趨勢影響，反而悄悄掀起一場變革。日本於1970年代開始投入工業用機器人與類人型機器人（Humanoid）的開發，將製造技術專長與電腦控制電子電路技術結合後，製作出機電整合產品，並將這項技術應用在製作現場，推出能夠協助生產的工業用機器人。支撐日本成為製造業大國的工業用機器人在1980年代迎來了全盛時期。

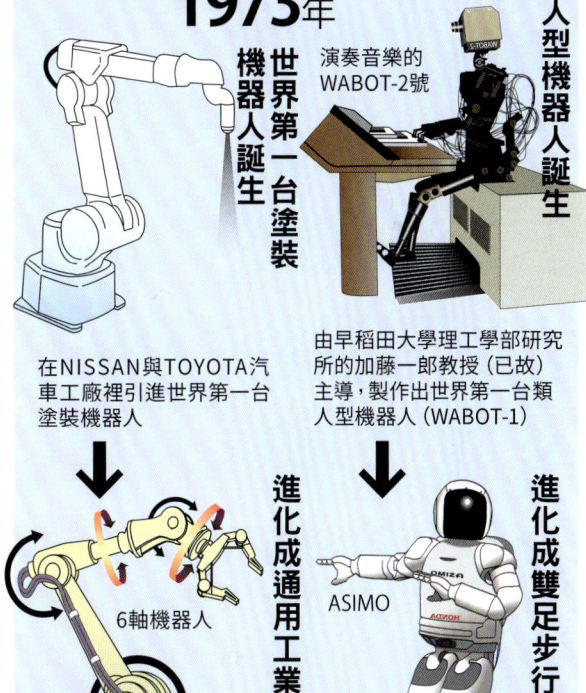

AI寒冬期，機器學習默默發展，逐漸投入商業應用

AI低迷期興起的技術革新

無法打破專家系統極限的AI研究，從那之後進入漫長的寒冬期，但即使在研究機關與企業研究經費遭到斷絕，研究者們也沒有停下腳步，他們依舊埋頭於各自的專業領域解決問題。

這段時期正值1980年代後半，也是電腦技術領域迎來重大變革的時期。隨著美國蘋果公司推出個人電腦，加上CPU（中央處理器）性能大幅提升與價格的下降，過去的工作站如今已經轉變為個人可擁有的設備。

1990年代發生的另一個重大變化是網際網路的問世，隨著網際網路向民間開放，能夠在網路間傳輸影像等資訊的瀏覽器也隨之誕生，而美國的微軟公司則推出了可以連接網際網路的Windos95。

電腦的運算能力大幅提升、價格下降，以及全球規模的網際網路連結，這三

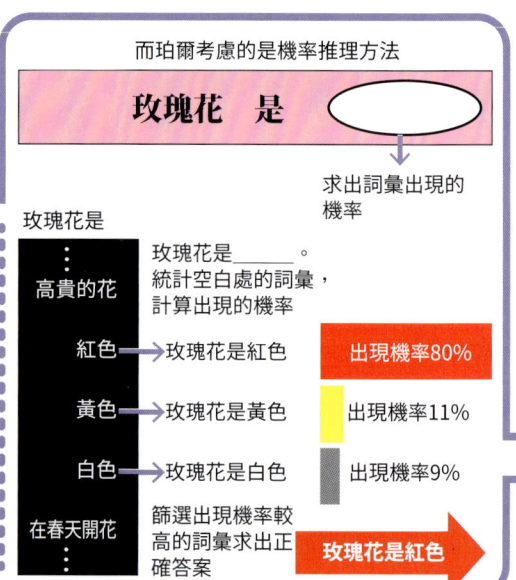

大因素將AI研究推向新的舞台。

從珀爾的機率理論通往機器學習

當時，AI的研究者們在各自的領域中，摸索著如何提升AI推理邏輯的精確度。引領他們前進的，是美國計算機科學家朱迪亞珀爾所提出的機率性AI推理邏輯。用極其粗略的方式來說，就是透過計算機率來尋找通往正確結果的道路。這種方法並不是利用邏輯思考從龐大的資訊中尋找答案，而是反覆進行機率性分類，並在過程中篩選出最接近答案的結果。

這種AI推理邏輯稱為「機器學習」，提升其精確度的關鍵在於讓AI大量計算能夠提升機率準確性的參考範例，而電腦運算能力大幅提升也為此做出貢獻。

機器學習的AI不再被視為AI，而是逐漸應用在各種業務系統，而機器學習真正展現實力的時刻，是在美國IBM公司開發的超級電腦「深藍（Deep Blue）」，於西洋棋對弈中打敗世界冠軍的瞬間，AI也因為這起事件再次受到矚目。

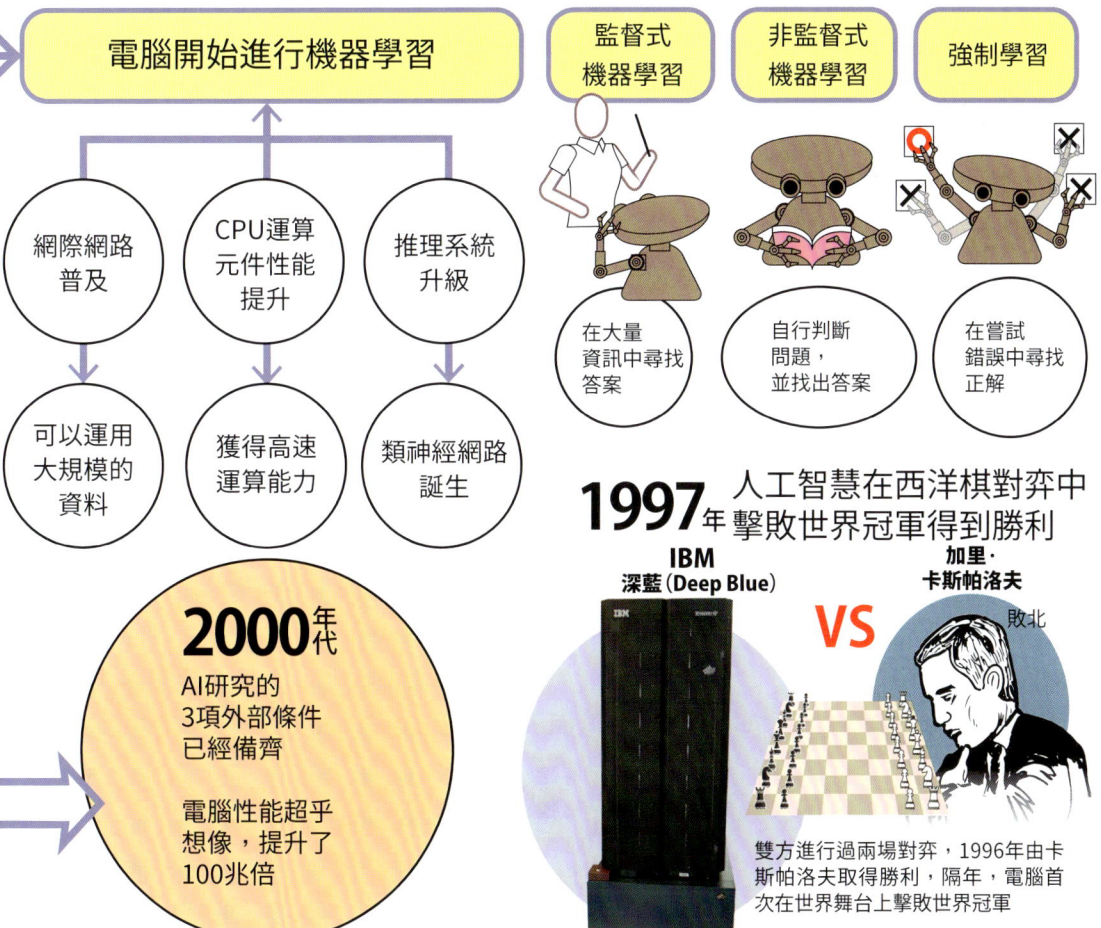

1997年 人工智慧在西洋棋對弈中擊敗世界冠軍得到勝利

IBM 深藍(Deep Blue) VS 加里·卡斯帕洛夫 敗北

雙方進行過兩場對弈，1996年由卡斯帕洛夫取得勝利，隔年，電腦首次在世界舞台上擊敗世界冠軍

深度學習問世！
AI再次站上表演舞台

隨著人類大腦的運作機制逐漸被揭開，AI研究也開始向前推進

1906年 發現神經元的存在

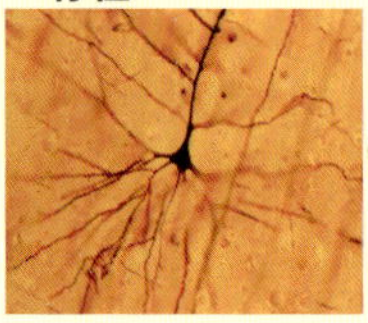

1909年 製作出大腦的功能地圖

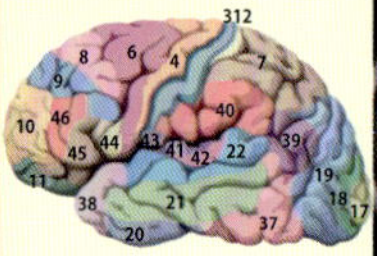

1992年 fMRI開發完成

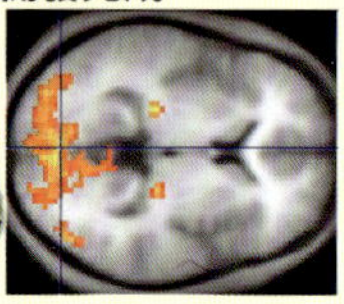

2014年 光學拓撲影像技術開發完成

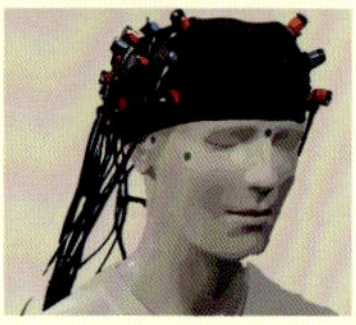

卡米洛‧高基（1843～1926）
高基讓神經元視覺化

科比尼安‧布洛德曼（1868～1918）
繪製識別大腦活動區域的地圖

能夠安全捕捉大腦活動的影像

利用近紅外線即時捕捉大腦活動

安東尼奧‧達馬西奧（1944～）
於南加州大學創立「腦與創造研究所」，是現在最具影響力的腦神經與心理學家，主要著作為《感知的大腦——情動與情緒的腦科學》、《無意識的大腦與自我意識的大腦》等多部作品

運用腦科學中關於神經元的研究，感知器誕生了

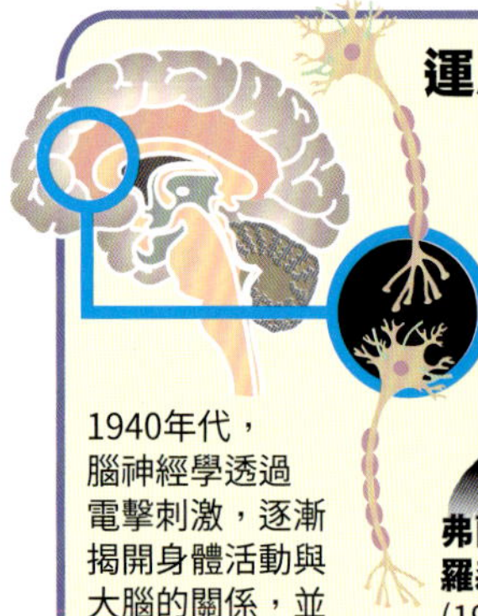

1940年代，腦神經學透過電擊刺激，逐漸揭開身體活動與大腦的關係，並在過程中發現了神經網路

將這種設計應用在電腦上吧!!

弗蘭克‧羅森布拉特（1928～1971）
任職於康乃爾大學，與後來對立的馬文明斯基是高中同學

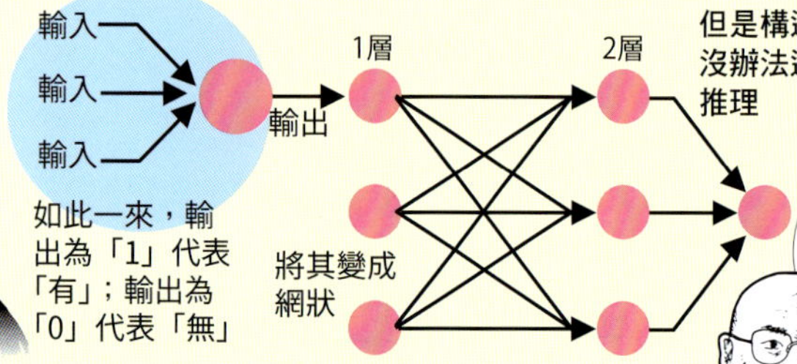

如此一來，輸出為「1」代表「有」；輸出為「0」代表「無」

人工數學神經元的誕生
1957年，心理學家弗蘭克羅森布拉特，提出將人工神經元多層化後的感知器，並認為這是電腦具有思考能力的雛形

將其變成網狀

但是構造太單純，沒辦法進行複雜的推理

這種方法只能解開簡單的問題

馬文‧明斯基（1927～2016）
人工智慧之父

模仿人類大腦的AI誕生

機器學習方法之一的「深度學習（Deep Learning）」帶領AI研究進入新的階段，這種學習方法是建立在類神經網路的基礎之上，而所謂的類神經網路就是模擬人類大腦神經迴路的計算模型。

事實上，類神經網路早在1957年的AI黎明期就已經誕生，當生物大腦的神經元（神經細胞）受到電擊刺激，其總和值超過特定數值後會輸出0或1的訊號，若將這些最小單元組合起來是否就能模擬人類的思考呢？心理學家羅森布拉特正是基於這項理念，構思出了名為感知器的人工智慧模型。

然而，初期的模型構造過於簡單，未能達到預期的效果，曾出席達特茅斯會議，被譽為「AI之父」的明斯基，批評它連小學的數學題都無法解開。失意的羅森布拉特之後遭遇事故去世，感知器的研究也漸漸式微。

> 只要增加中間的感知器數量，就能成為優秀的邏輯電路

傑佛瑞·辛頓
(1947～)
英國出身的心理學家，後來轉向電腦科學領域，將神經網路的新見解延伸到深度學習，開創了AI研究的新天地

> 2045年之前，人工大腦的智慧就會超越人類了吧

雷·庫茲維爾
(1948～)
就讀麻省理工學院（MIT）時展現出電腦開發技術的才能，創立專門研究獨特技術的公司，推出了許多發明，合成器也是其中一項，目前負責Google公司的AI開發指導

因為這兩人的貢獻，AI研究取得重大突破

50年後，隨著辛頓重新發現感知器的價值，AI進入深度學習的時代

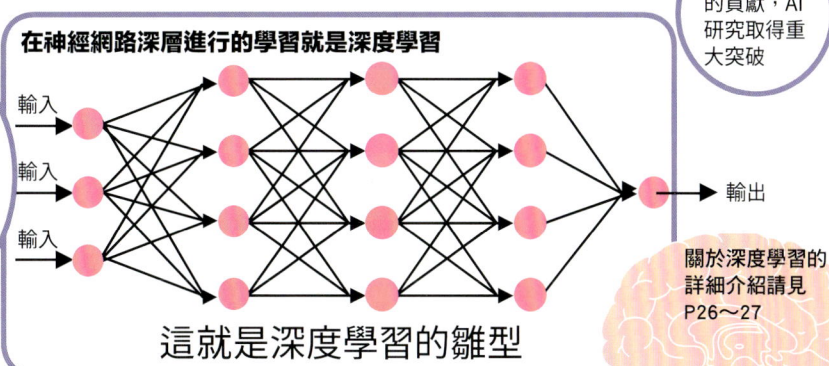

在神經網路深層進行的學習就是深度學習
輸入 → 輸出
這就是深度學習的雛型

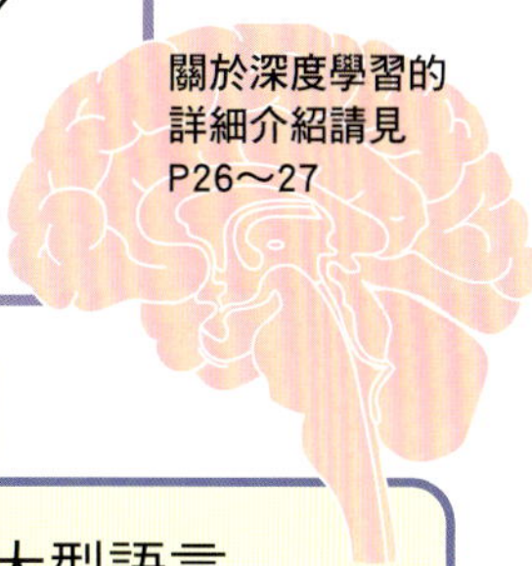

關於深度學習的詳細介紹請見 P26～27

2012年

Google開發的AI成功在YouTube無數影片中辨識出貓

2014年

Google開發的自動駕駛汽車在公路上行駛了70萬公里

2017年 
facebook
AI在新開發聊天機器人的互相對話中，創造出獨特的語言

2022年
OpenAI的大型語言模型開始運作，自然語言生成系統 **ChatGPT正式推出**

美國的大型IT企業紛紛進軍AI研究

邁入深度學習的時代

　　直到21世紀，人們才再次注意到感知器蘊含的可能性，後來被譽為深度學習先驅的傑佛瑞辛頓，成功將感知器組合成多層結構，並讓每個單元具有資訊回饋的功能，這正是「深度學習」能夠像人類一樣，從多層資訊中進行識別的開端。

　　與此同時，以安東尼奧達馬西奧為代表的腦神經學家，正透過fMRI（功能性磁振造影）新技術，揭開人類大腦的認知功能構造，結合了腦科學知識的多重類神經網路，在影像辨識實驗中展現出超越人類的精確度，Google、Facebook等美國大型IT企業也爭相進入AI領域，讓AI研究迎來新的時代。

AI的歷史

15

Part 1 AI的歷史 ⑤

人類大腦的電腦模型化，將會通往「強人工智慧」？

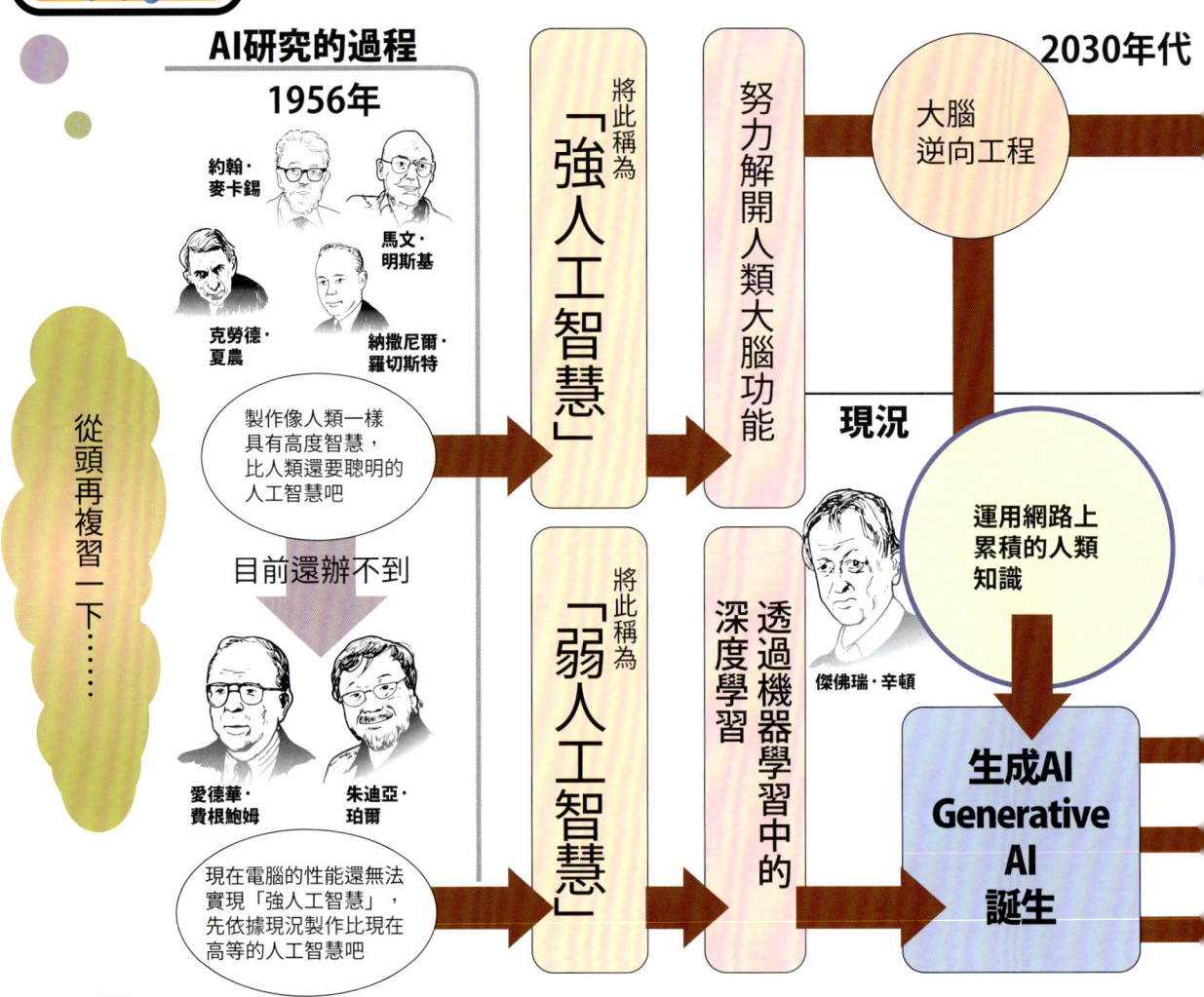

「強人工智慧」與「弱人工智慧」

在AI研究開發中，通常會分為「強人工智慧」與「弱人工智慧」兩種類型來討論。所謂的「強人工智慧」是指與人類一樣具有高度智慧，能夠進行自我思考的AI，早期研究者想實現的目標就是「強人工智慧」；「弱人工智慧」是在經歷實驗挫折後，配合電腦能力與現實情況所開發出來的AI。雖然這種AI在特定領域可以發揮強大的能力，但它並沒有人類廣泛的知識，無法進行自我思考。

那麼，所謂的「強人工智慧」應該具備什麼樣的智慧呢？其實很簡單，我們只要整理一下電腦與人類各自擅長的領域就能得到答案。首先，電腦在計算的速度、精確度以及資訊共享的能力有著壓倒性的優勢，而人類則能直覺地去感受自身周圍複雜的世界，同時具備擴展聯想的能力，這項能力正是電腦最不擅長的「框架問題」。

將人類的這項能力轉移到電腦上，並

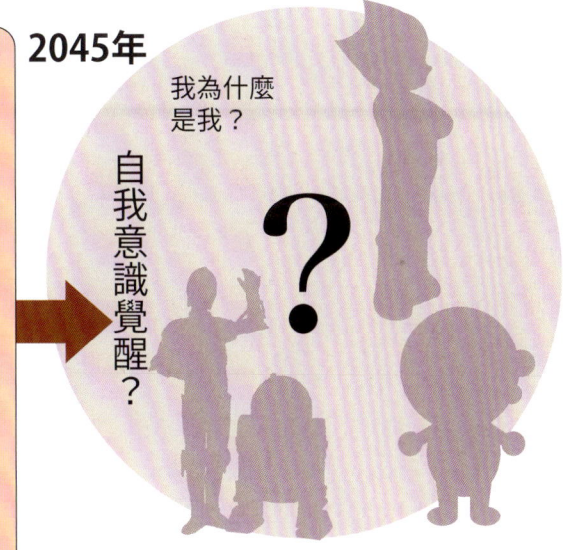

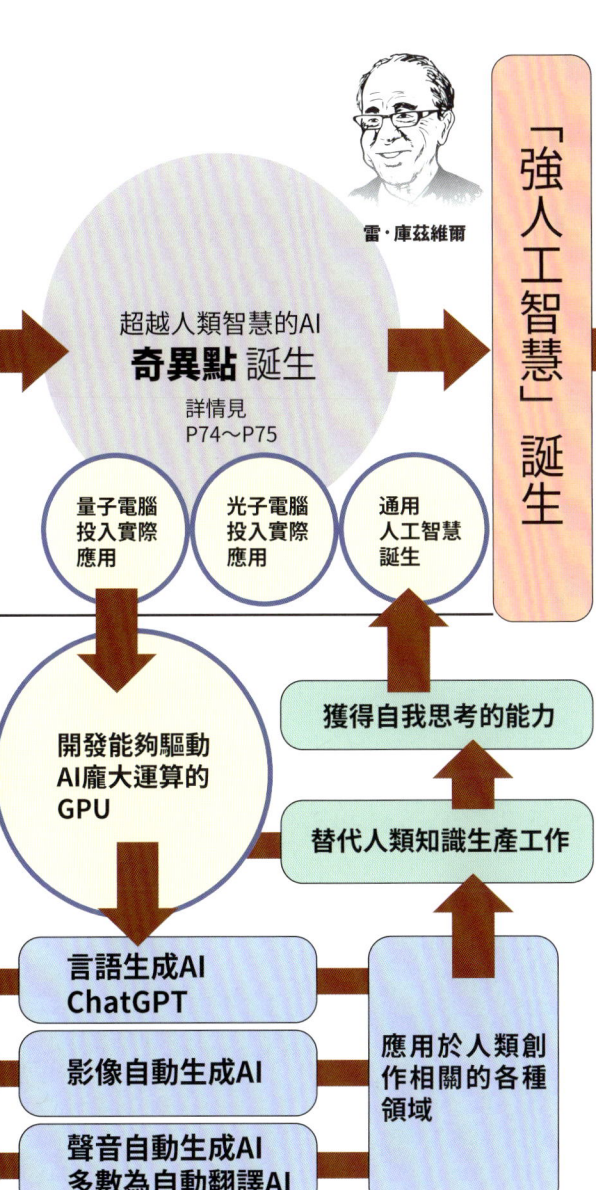

文章、影像及聲音等內容，還能針對人類的提問或要求，自行創作全新的內容。長期以來，人們都認為創意工作只有人類才能勝任，然而生成式AI輕易就推翻這種看法，當生成式AI再次進化，獲得自我思考的能力時，或許就會更接近藍圖中的「強人工智慧」。

AI研究透過揭開人類大腦機制並加以模仿發展至今，目前AI研究者正在挑戰整個大腦的逆向工程，試圖將人類的大腦變成電腦模型。結合人類思考模型與強大計算速度的「強人工智慧」已經不再是夢想，據說在2045年之前，AI就會到達超越人類智慧的科技奇異點（Singularity）。

然而，AI研究者正面臨一道巨大的難題，能夠像人類一樣進行思考的AI，是否會獲得像人類一樣的「自我」呢？目前還沒有人能夠回答這個問題。

與電腦強大的計算能力融合後，就能夠誕生出超越人類的AI，這就是AI研究者們所嚮往的「強人工智慧」。

生成式AI是邁向「強人工智慧」的過程？

雖然目前的AI都屬於「弱人工智慧」，但AI憑藉前面提到的深度學習技術正在急速進化中，其中最引人矚目的就是2022年推出的ChatGPT等「生成式AI」。

生成式AI能夠在學習龐大資料後生成

AI的歷史

17

AI進化將對我們的未來造成什麼樣的衝擊？

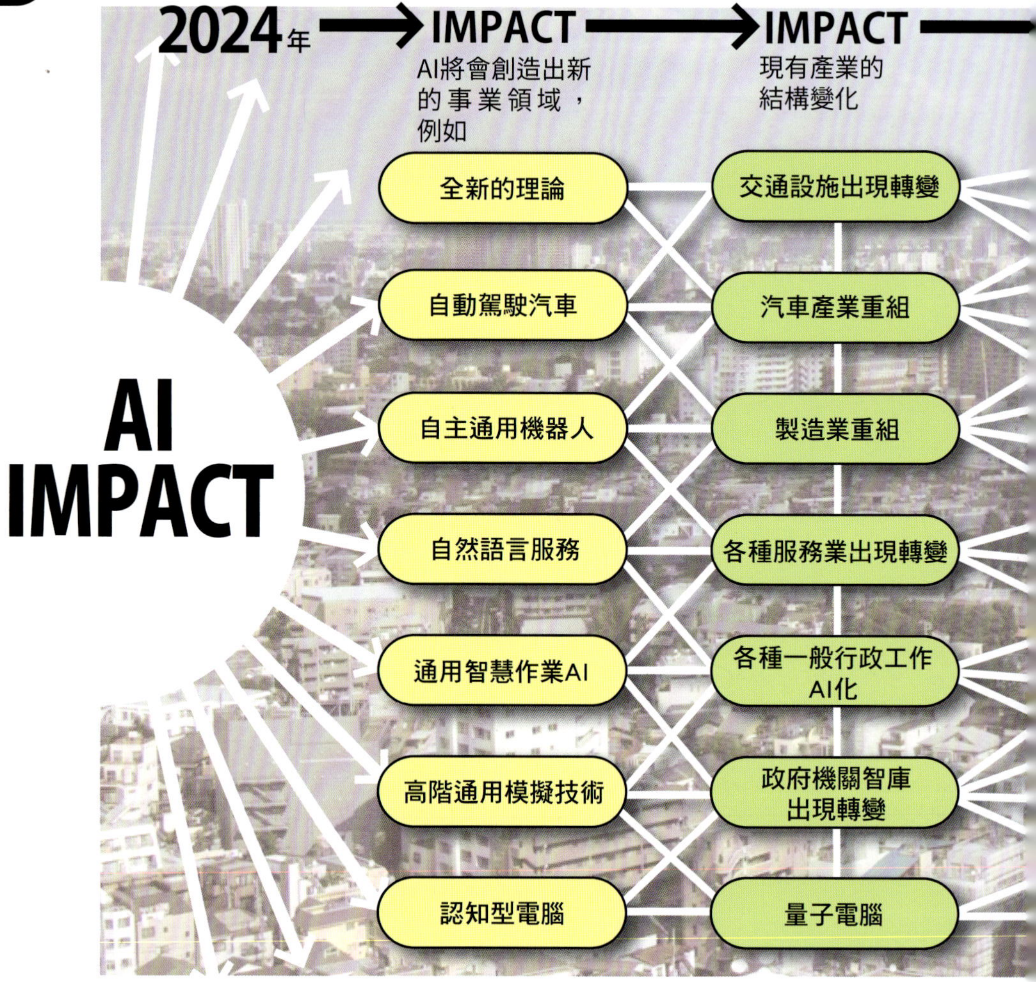

2024年 ➔ IMPACT ➔ IMPACT ➔

AI將會創造出新的事業領域，例如／現有產業的結構變化

AI IMPACT

- 全新的理論 — 交通設施出現轉變
- 自動駕駛汽車 — 汽車產業重組
- 自主通用機器人 — 製造業重組
- 自然語言服務 — 各種服務業出現轉變
- 通用智慧作業AI — 各種一般行政工作AI化
- 高階通用模擬技術 — 政府機關智庫出現轉變
- 認知型電腦 — 量子電腦

AI帶給人類社會的連鎖變化

我們的社會至今已經歷過數次變革，這些變革是來自科學家獲得新知識後產生的想法或技術，如同當初電能與內燃機改變了人類的移動方式與都市生活一樣，AI的出現也將對以前科技建構出的人類基礎設施帶來衝擊。

然而，AI帶來的衝擊與以往技術變革截然不同，它不僅撼動了基礎設施，更對人類產生深遠的影響，因為就連人類大腦所擁有的思考能力，在未來都有被AI取代的可能性。

行政工作有著固定的思考規則與明確的目標，電腦在這項領域上比人類更有優勢，過去由白領階級負責的行政工作被AI取代是必然的趨勢，不僅如此，AI還能從世界規模的資料當中，找出人類無法察覺到的變化徵兆再加以編輯，這種宛如科幻小說情節的結果，將會改變現實人類社會的樣貌。

產業界會為了實現終極效率化的目

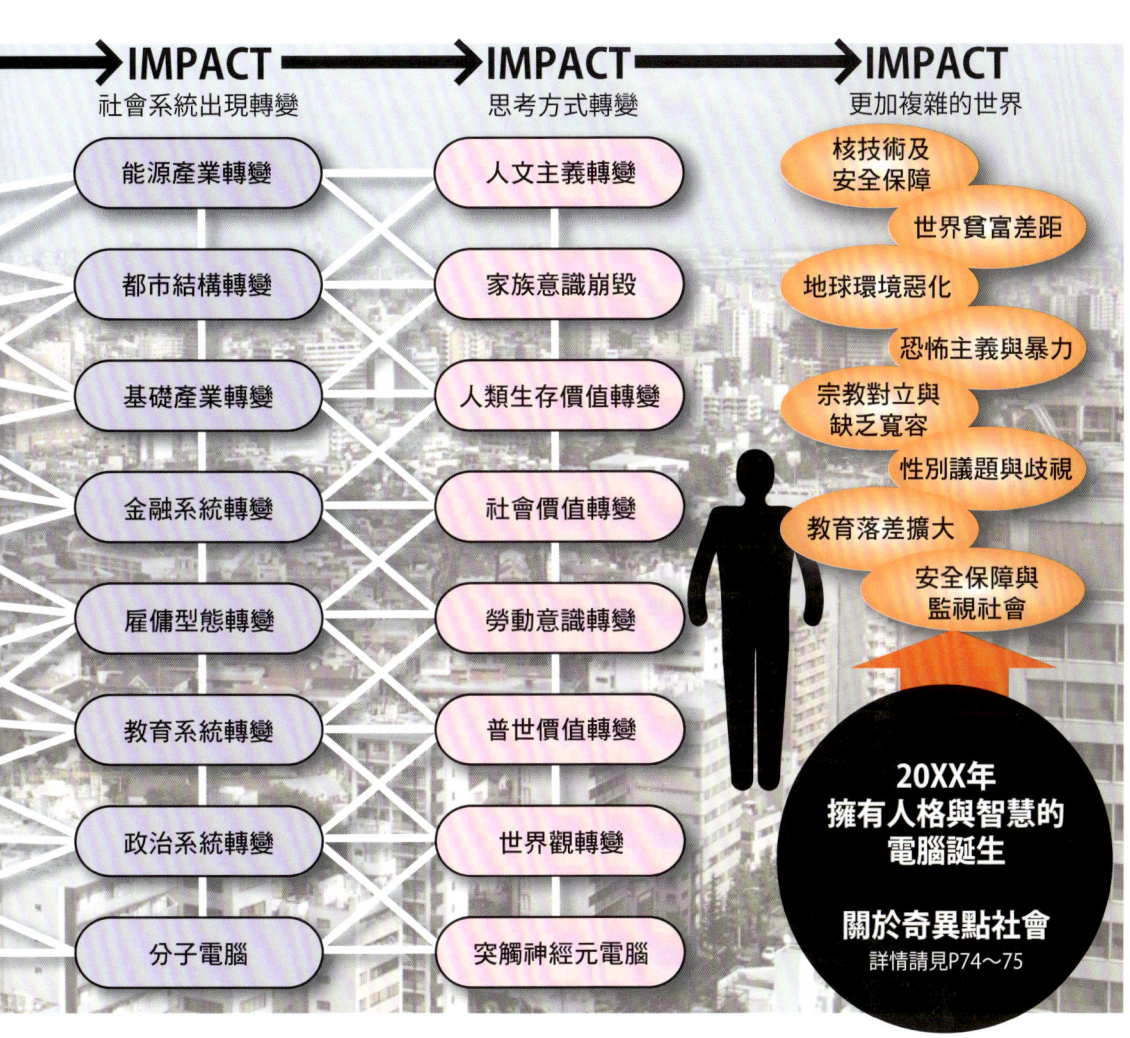

標，將AI作為工具引進到各個領域，而衝擊帶來的連鎖反應就像上面的網狀圖所示的狀況一樣。

在早期階段，AI會被納入各個獨立事業，對該事業所屬的產業結構造成衝擊，受到衝擊而改變的產業結構，會將變化後帶來的壓力施加在更上層的社會系統，而作為社會結構一部分的我們，思考方式也將會發生轉變。

如果這種轉變從今後的20～30年間持續進行會造成什麼樣的結果呢？當AI的能力完全超越人類與生物範疇時，人類目前所面臨的複雜世界問題將會出現什麼樣的變化呢？

模仿人類大腦構造的類神經網路是什麼？

Part 2 AI的基礎知識 1

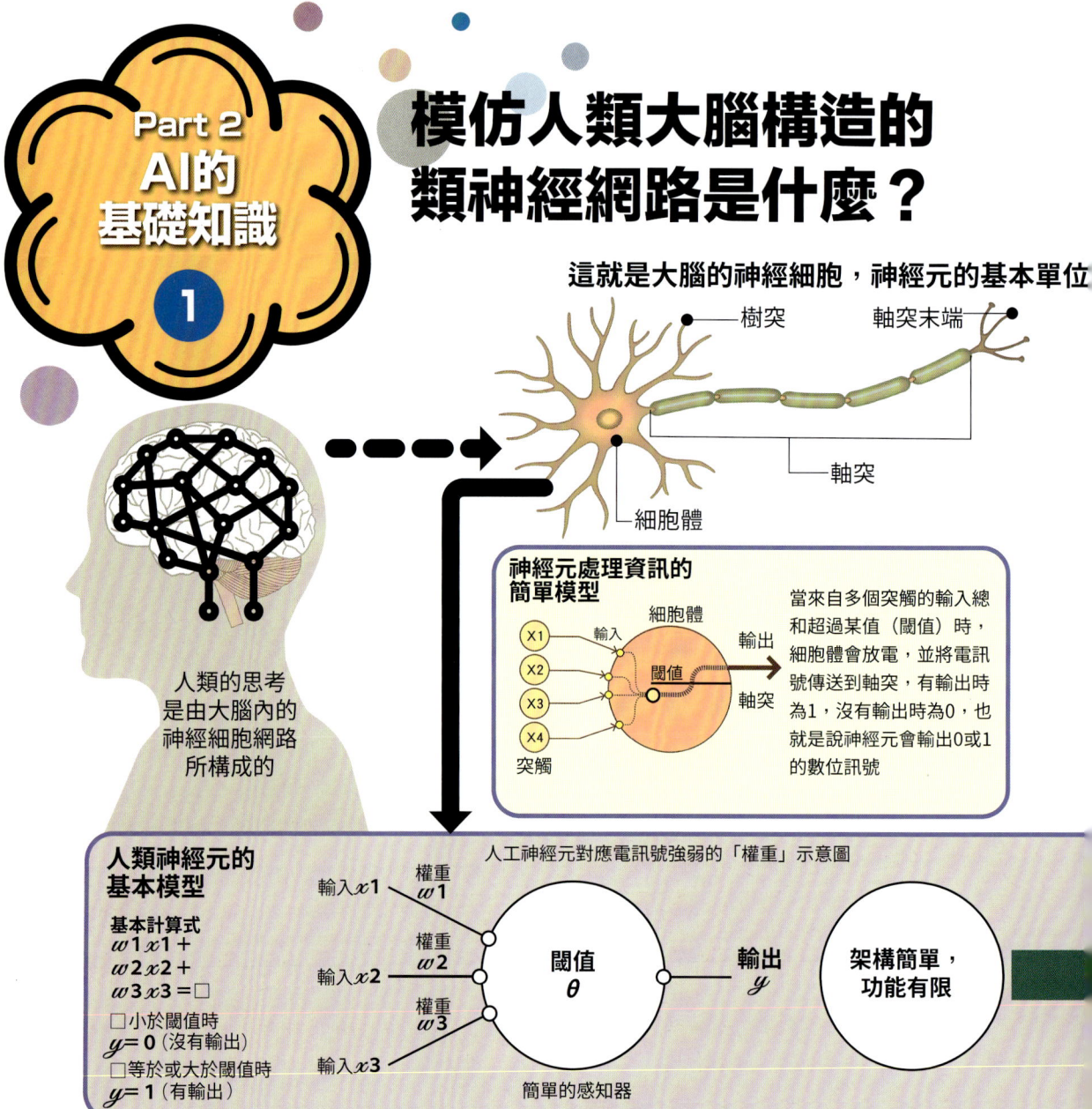

腦神經細胞傳遞資訊的機制

AI展開研究的其中一項契機，是人類發現腦神經網路後，試圖用機械打造像人類一樣思考的人工智慧。

人類大腦有無數個神經元（神經細胞），彼此連接形成網路，神經元與普通細胞不同，它會從細胞體伸出多條稱為樹突的分枝，並帶有一條形似尾巴的軸突，這種構造是為了方便與其他神經元傳導電訊號，其中樹突負責輸入，軸突末端則負責輸出。

那麼電訊號是如何傳導的呢？原理如右上方中間的圖所示，首先，樹突會從其他神經元接受訊號，如果訊號很微弱則不會出現任何反應，而當多個訊號加總超越閾值（特定數值）後，訊號就會沿著軸突向下傳遞，輸出到下一個神經元，也就是說，沒有輸出訊號時為0，有輸出時則為1，與數位訊號相同。

電訊號傳導到神經元的機制

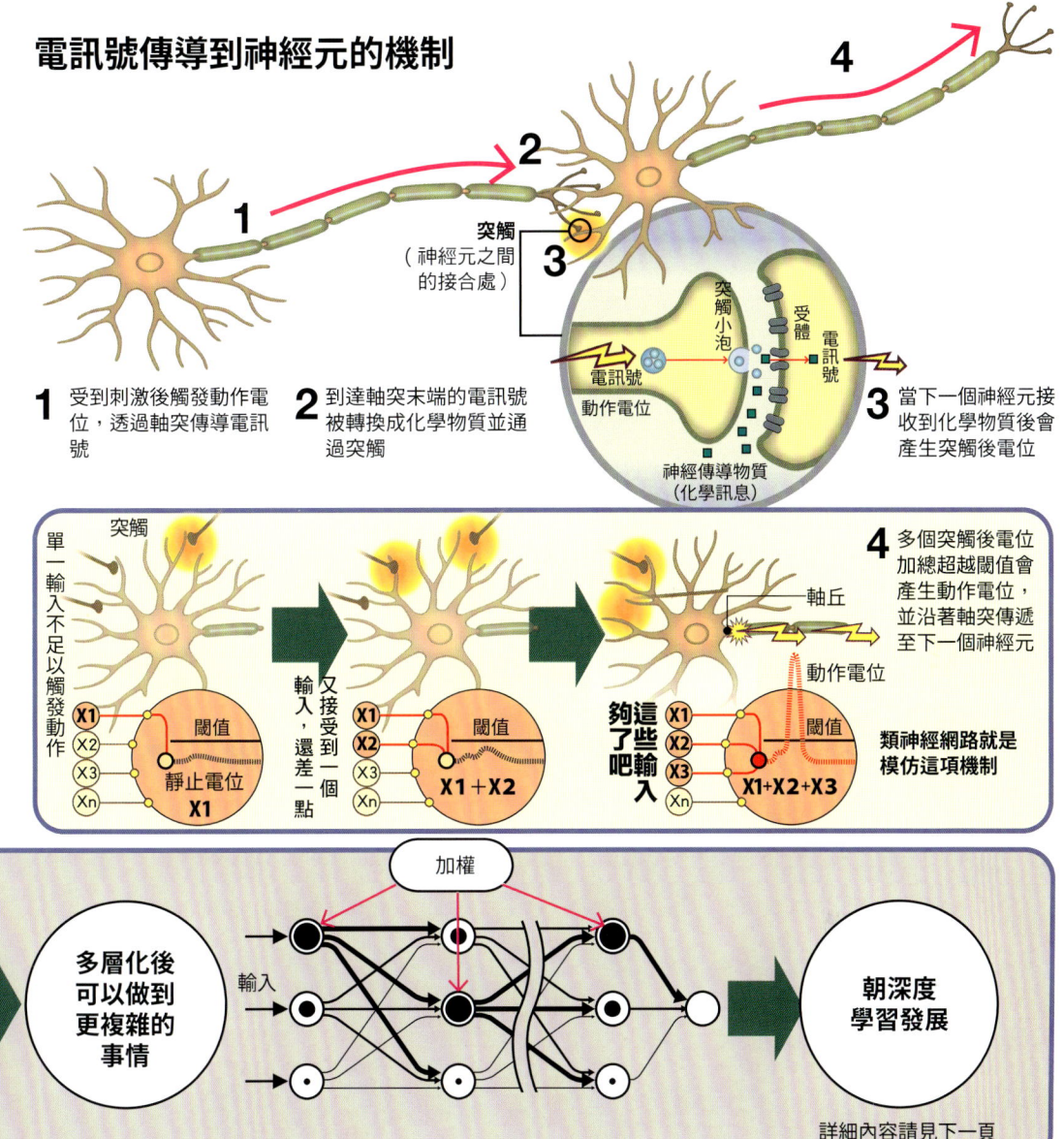

人工神經元的簡單模型

模仿神經元基本功能的就是人工神經元模型，訊號的強弱在這裡代表「權重」，「權重」是根據資訊重要程度設定的數值，當多個加權訊號的總和超越閾值時就會輸出訊號。

雖然每一個神經元的工作相對單純，但人類大腦中聚集了大量的神經元，彼此互相合作，從而進行認識、記憶、判斷等複雜的處理。為了重現相同的功能，誕生出組合多個人工神經元的類神經網路，從最初的簡單感知器開始，隨著多層化的發展提高了精確度，變得能夠進行複雜的處理，越來越接近人類的大腦。

然而，我們不能忘記，人類大腦並不是僅依靠電訊號運作，在電訊號的傳遞過程中也牽涉到與離子與化學物質，並且大腦本身與身體之間也有協調作用，這就是生物與機械的不同之處。

AI的基礎是「監督學習」，整理與分類大量的資料

先提供正確答案給 AI 的學習方法

前面已經介紹過，AI的運作基礎是模仿人類大腦神經網路構造的類神經網路。接下來，我們要來探討類神經網路的執行機制，看看它是如何像人類的大腦一樣進行運作。

假如你是電視台的新進員工，正在準備一個叫做「挖掘昭和歌謠的大明星」的新節目。首先你應該做的是，從電視台的資料裡面把要介紹的歌手素材按照歌手分類整理並蒐集起來，雖然這些照片已經數位化，但一張一張確認不知道要花多少天才能完成。

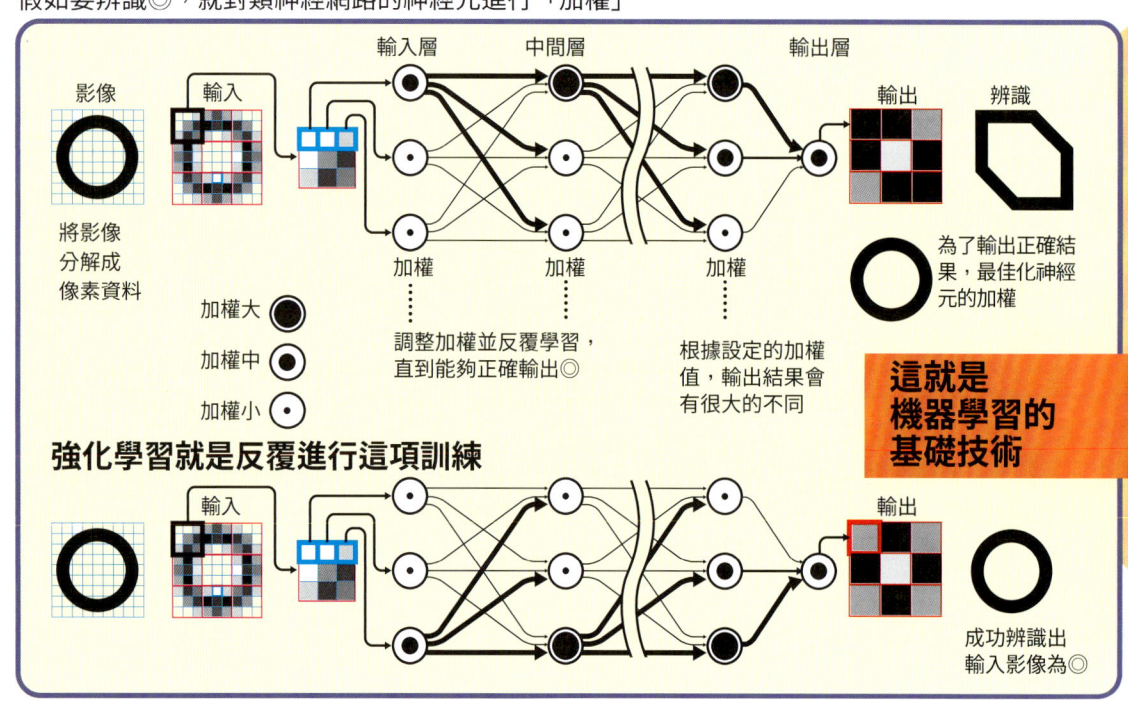

這時，AI就能夠派上用場，不過在這之前還必須先讓AI做些準備。舉例來說，如果想讓AI尋找昭和偶像歌手山口百惠的照片，就必須先讓它記住山口百惠的長相。也就是說，要事先將正確答案提供給AI學習，讓它能正確無誤地從龐大資料中找出山口百惠的照片，這種方法就稱為「監督學習」。

透過「加權」強化學習

上圖中的過程是「監督學習」機制的簡化說明。

假設要讓AI進行最簡單的圓形影像辨識，圓形的影像會被分解成微小像素，輸入到類神經網路，通過AI的大腦中間層，

機器學習是讓類神經網路變得更聰明的方法

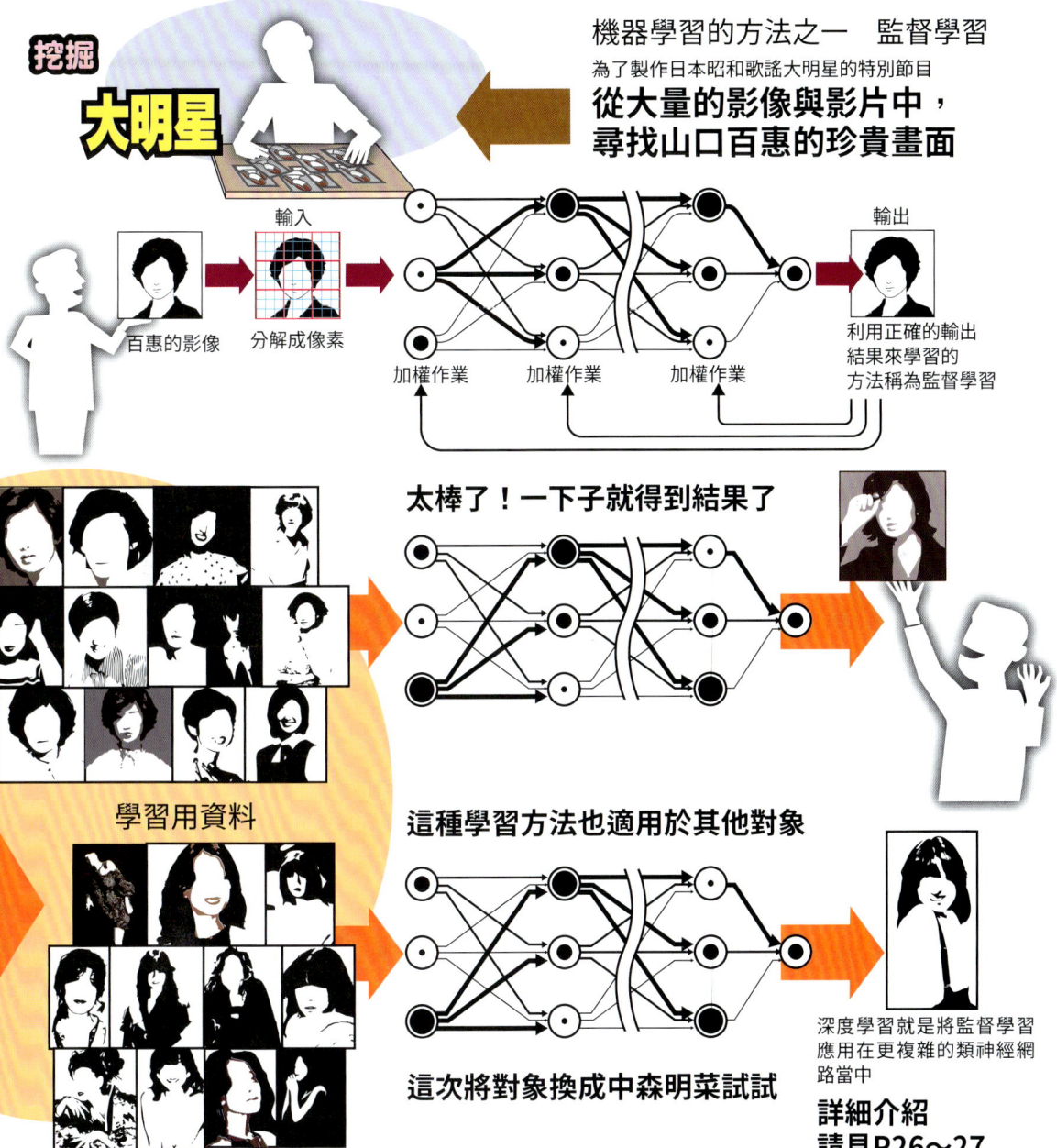

於輸出層重建影像。若AI第一次輸出的是不規則六邊形,則代表AI的辨識有誤。

從這裡開始就是機器學習的部分了,為了縮短正確圓形與輸出答案的誤差,AI會從輸出層反向回溯網路,調整神經元的權重,這項行為稱為「加權」。重複進行「加權」,直到AI能穩定輸出正解結果的做法稱為「強化學習」,是機器學習的其中一種方法。

完成強化學習後,AI只需要不到數秒的時間就能從無數的影像中挑選出山口百惠的影像,透過相同的步驟,也能輕鬆蒐集中森明菜的影像。

下一步是「無監督學習」，分類資料並判斷機率

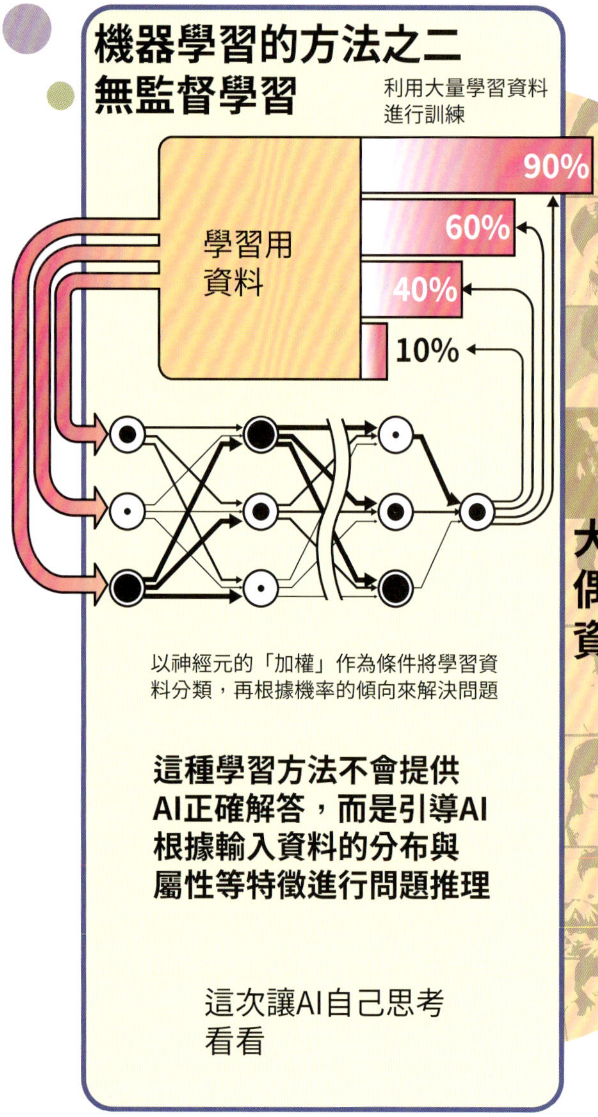

機器學習的方法之二 無監督學習

利用大量學習資料進行訓練

90%
60%
40%
10%

學習用資料

以神經元的「加權」作為條件將學習資料分類，再根據機率的傾向來解決問題

這種學習方法不會提供AI正確解答，而是引導AI根據輸入資料的分布與屬性等特徵進行問題推理

這次讓AI自己思考看看

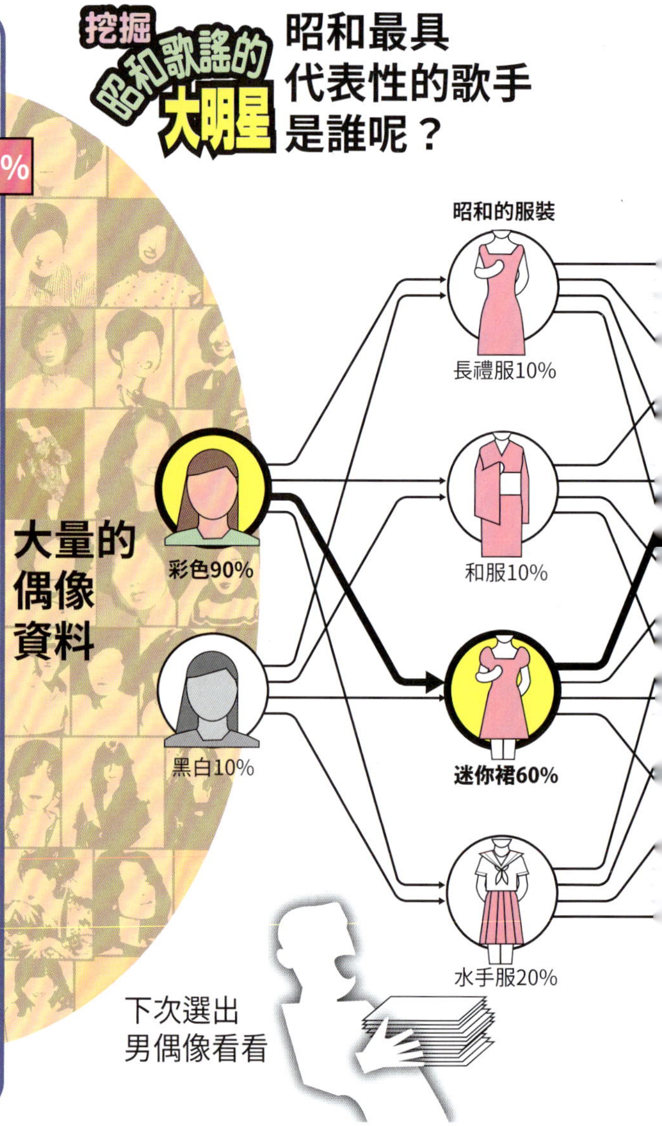

挖掘昭和歌謠的大明星

昭和最具代表性的歌手是誰呢？

大量的偶像資料

彩色90%
黑白10%

昭和的服裝
長禮服10%
和服10%
迷你裙60%
水手服20%

下次選出男偶像看看

AI 自己尋找解答的學習方法

身為新進員工的你，接受到新的工作指示，要從活躍於昭和期的眾多女性偶像中，根據合適的條件選出一位最具代表性的人物。

昭和女性偶像的特徵是什麼呢？理論上擁有最多特徵的人應該就是答案。

這次的任務同樣交由AI負責，只是這次的問題並沒有正確答案，無法使用監督學習法，所以我們改用「非監督學習」法來進行，讓AI透過大量的學習資料自己找出正確解答。

利用AI的類神經網路加權，讓它將昭和偶像的資料依照各種要素分類，再選出該屬性中機率最高的偶像，圖解裡展示的

無監督學習是讓AI自己進行學習的方法

機器學習的方法之三 強化學習

這種學習方法能應用在遊戲AI與自動駕駛領域

AI的行動會導致環境變化，這些變化的數值會成為獎勵，例如在遊戲場合下出致勝棋步就會獲得獎勵

AI會以獎勵最大化為目標

AI會在大量棋步中嘗試錯誤，從中記住獲勝的棋步，並自行尋求獎勵最大化

自動駕駛也相同，AI會自行尋找最適合的行動

這些學習方法在整合後開始朝向深度學習（Deep Learning）發展

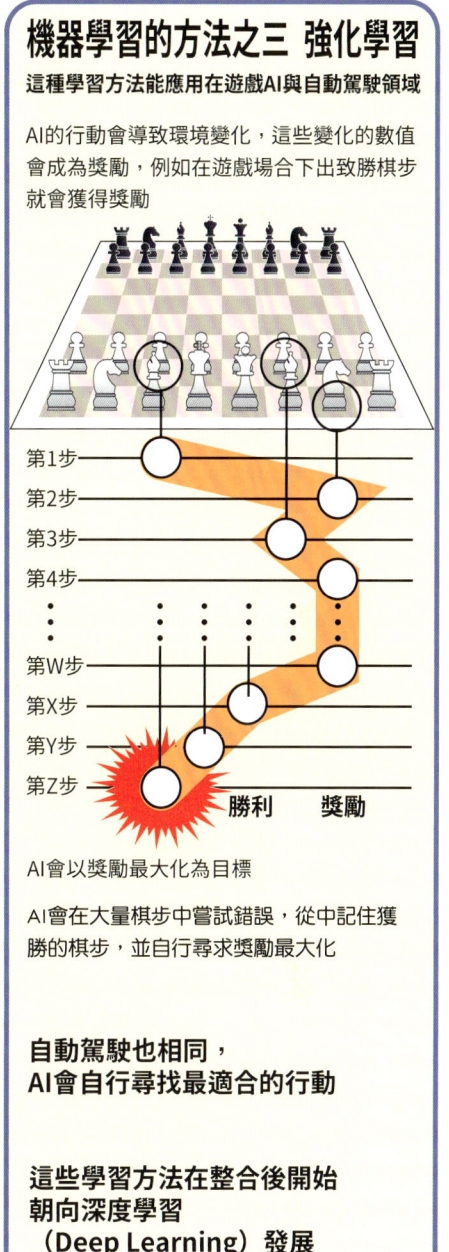

機制已經經過大幅簡化，裡面的數字也只是假設資料。

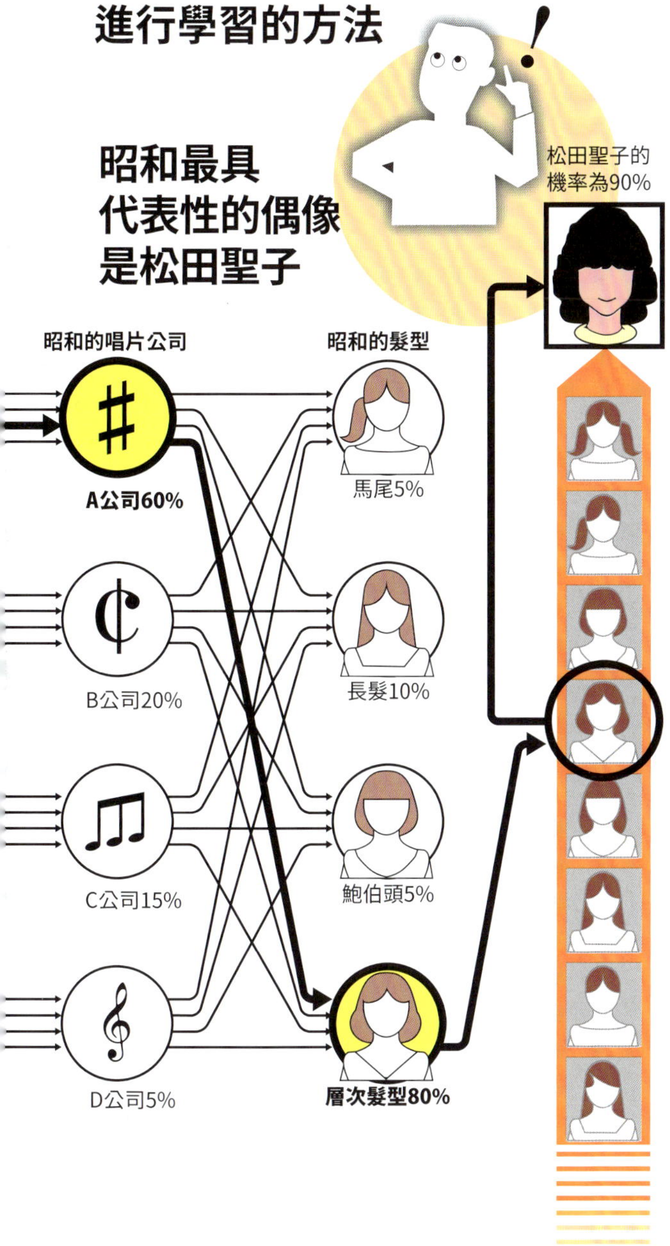

首先，昭和偶像全盛時期的照片是非黑白的彩色照片，這項機率有90%以上；接著在偶像服裝分類中，穿著迷你裙的人最多，機率有60%，像這樣將相似特徵集中分類的方法稱為聚類分析。接著更進一步，將所屬的唱片公司販售資料、髮型等各種特徵進行聚類分析後，AI最後選出了松田聖子。

AI並不是理解內容後才得到結論，而是根據整體的機率做出判斷，篩選出可能性最高的答案。

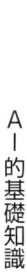

以自行試錯為學習方式的「深度學習」

將類神經網路多層化

推動AI急速進化的關鍵就是機器學習中的深度學習（Deep Learning）技術。深度學習是以多層的類神經網路作為基礎，讓AI能自動從龐大資料中找出特徵並學習的技術。

類神經網路的簡單雛型於1950年代誕生，但當時未能取得預期的成果，長期以來遭到遺忘，而在這樣的背景下，仍有一位英國AI研究者持續研究類神經網路，這個人就是後來被稱為深度學習之父的傑佛瑞辛頓。

辛頓相信，只要解決早期類神經網路

利用深度學習對AI進行訓練
辨識手寫文字2的訓練

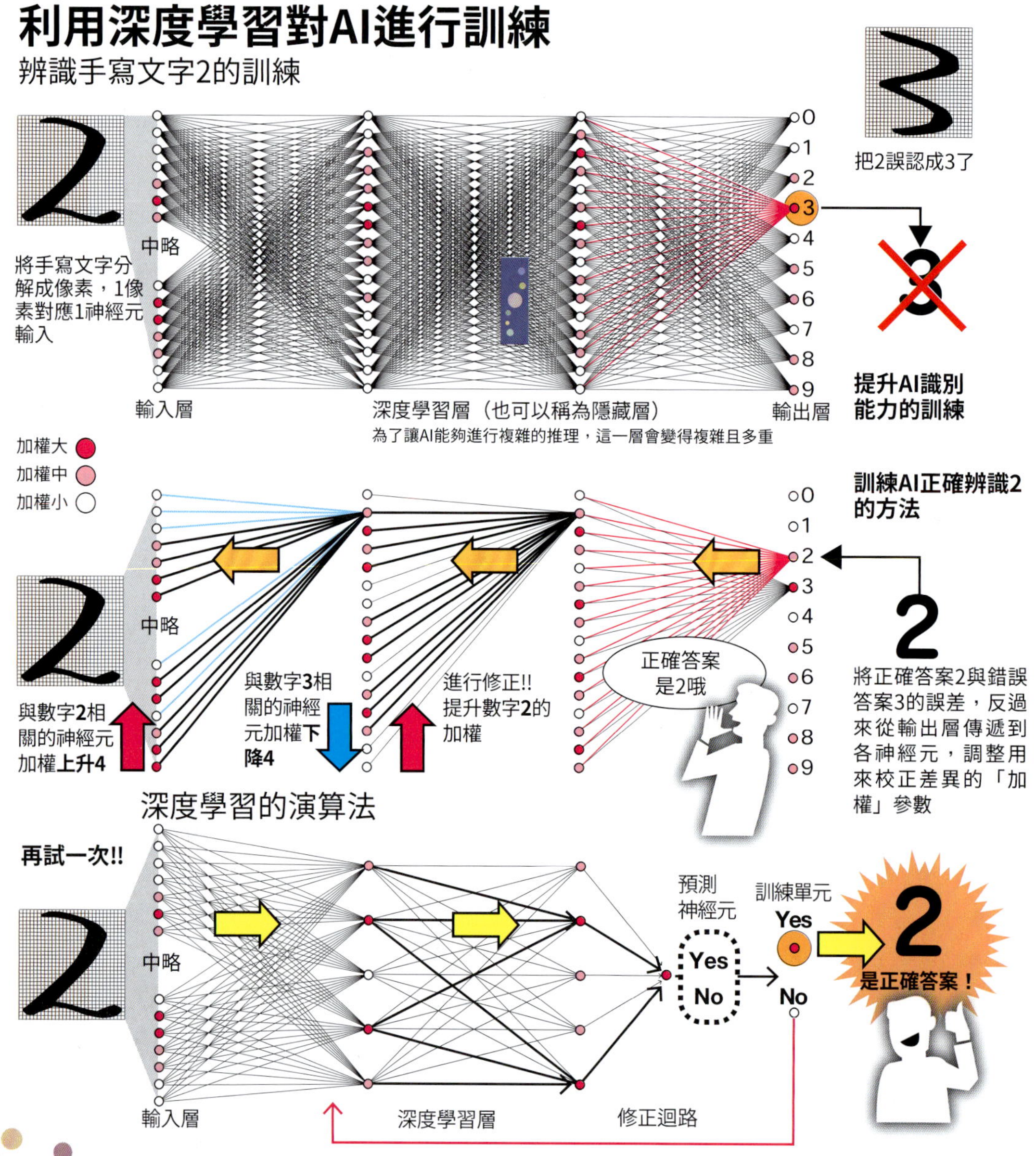

將手寫文字分解成像素，1像素對應1神經元輸入

輸入層　　深度學習層（也可以稱為隱藏層）　　輸出層
為了讓AI能夠進行複雜的推理，這一層會變得複雜且多重

把2誤認成3了

提升AI識別能力的訓練

加權大 ●
加權中 ●
加權小 ○

與數字2相關的神經元加權上升4

與數字3相關的神經元加權下降4

進行修正!!
提升數字2的加權

正確答案是2哦

訓練AI正確辨識2的方法

將正確答案2與錯誤答案3的誤差，反過來從輸出層傳遞到各神經元，調整用來校正差異的「加權」參數

深度學習的演算法

再試一次!!

輸入層　　深度學習層　　修正迴路

預測神經元　Yes/No

訓練單元　Yes

2 是正確答案！

過於單純的問題,將中間層的設計多層化並加入修正錯誤的回饋機制,類神經網路就能獲得突破性的成長。

不久後,周圍開始吹起順風,在網路的急速發展下,AI學習所需的大量素材變得唾手可得,能夠處理大量素材的高效能電腦不僅價格低廉還相當普及。

2012年,辛頓與兩名助手開發的多層類神經網路,以重現度極高的精確度,成功辨識出物體的形態。同年,Google公司也運用相同的類神經網路,實現了著名的貓辨識實驗,從YouTube的貓影像中,捕捉細微的外形特徵,重現了貓的影像,這就是深度學習時代的開端。

對AI開發做出貢獻的辛頓後來被Google公司延攬,但已於2023年離職,據說是為了站在自由的立場,呼籲AI過度發展的危險性。

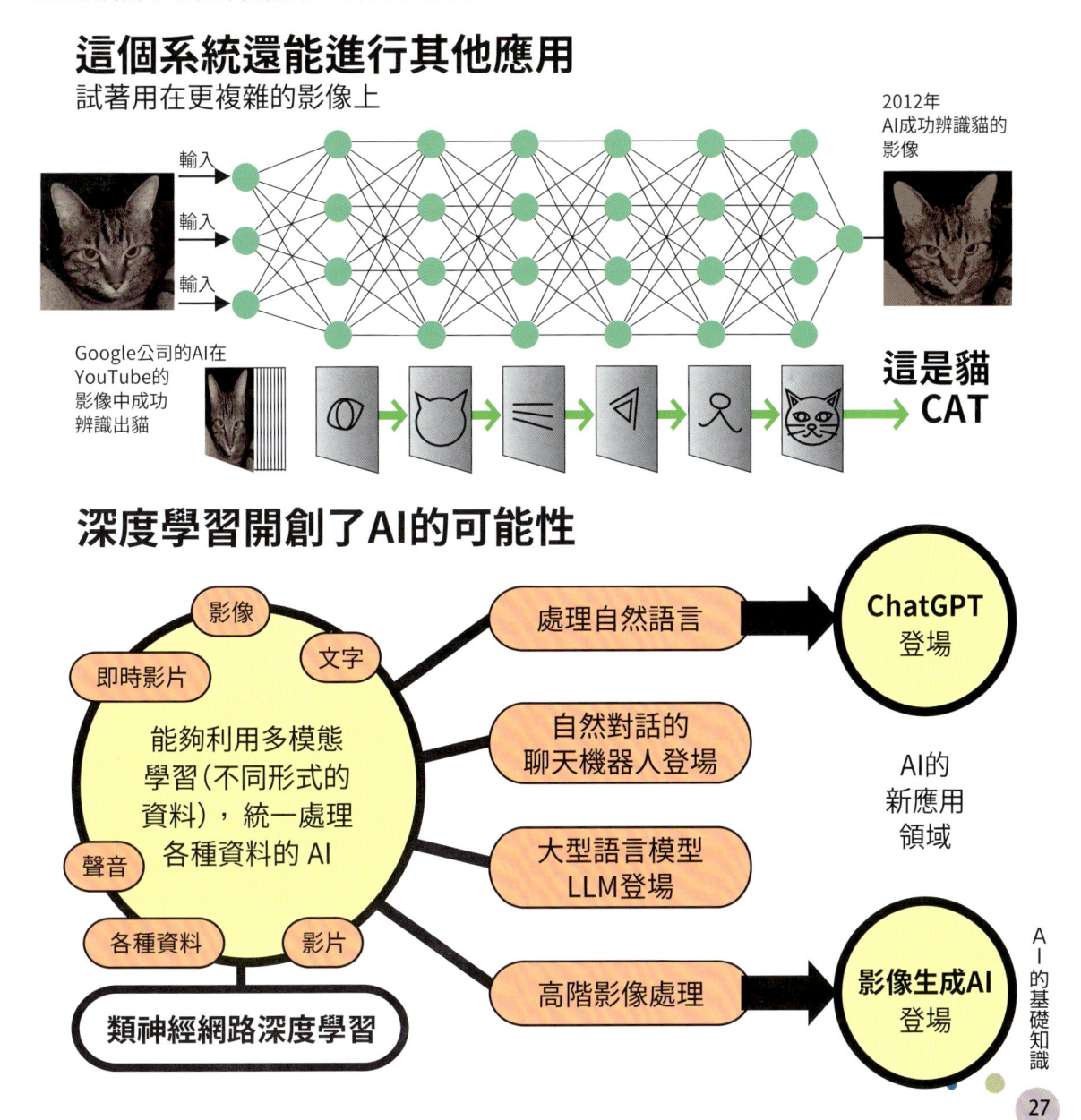

這個系統還能進行其他應用
試著用在更複雜的影像上

2012年 AI成功辨識貓的影像

Google公司的AI在YouTube的影像中成功辨識出貓

這是貓 CAT

深度學習開創了AI的可能性

影像
即時影片
文字
聲音
各種資料
影片

能夠利用多模態學習(不同形式的資料),統一處理各種資料的AI

處理自然語言 → ChatGPT登場

自然對話的聊天機器人登場

大型語言模型LLM登場

高階影像處理 → 影像生成AI登場

AI的新應用領域

類神經網路深度學習

AI的基礎知識

27

Part 2 AI的基礎知識 ⑤

ChatGPT登場！倍受矚目的生成式AI

OpenAI 的挑戰

2022年11月，美國OpenAI公司的執行長山姆阿特曼發表了語言生成AI「ChatGPT」，伊隆馬斯克當時是以什麼樣的心情看待這項發表呢？

7年前，電動車頂尖製造商的執行長伊隆馬斯克，與年僅30歲的天才IT投資家阿特曼，兩人創立了非營利組織OpenAI公司，他們秉持共同的理念：「以能夠為全人類帶來利益的方式推動AI的發展，並充分理解AI的可能性與危險性，追求技術上的公平」，開拓了AI研究最前端的道路。

但在這之後，馬斯克退出了經營，阿

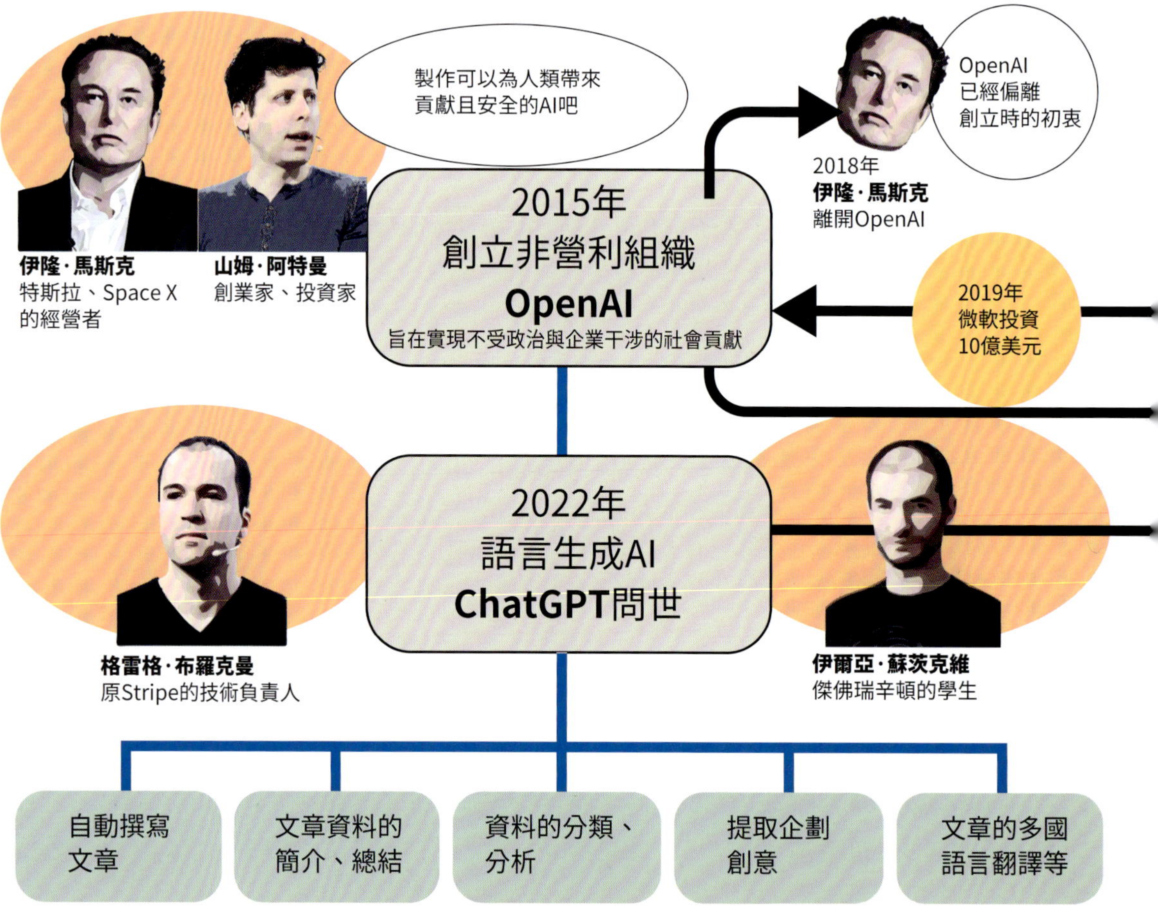

伊隆・馬斯克
特斯拉、Space X的經營者

山姆・阿特曼
創業家、投資家

製作可以為人類帶來貢獻且安全的AI吧

2015年 創立非營利組織 OpenAI
旨在實現不受政治與企業干涉的社會貢獻

OpenAI 已經偏離創立時的初衷

2018年 伊隆・馬斯克 離開OpenAI

2019年 微軟投資 10億美元

2022年 語言生成AI ChatGPT問世

格雷格・布羅克曼
原Stripe的技術負責人

伊爾亞・蘇茨克維
傑佛瑞辛頓的學生

- 自動撰寫文章
- 文章資料的簡介、總結
- 資料的分類、分析
- 提取企劃創意
- 文章的多國語言翻譯等

ChatGPT 為社會帶來的光明與黑暗

光明

- 個人知識與生產力提升
- 管理、營運事業效率提升
- 擴展個人的創造性

特曼則創立營利性質的子公司,並獲得微軟鉅額投資。馬斯克離開的原因,或許是他認為「現在的組織已經偏離當初的理念」。

生成式 AI 熱潮的先驅

ChatGPT是劃時代的對話型AI,雖然在1960年就已經出現透過文字與聲音跟人類對話的聊天機器人,但大多只能回答特定內容的問題;相較之下,ChatGPT擁有龐大的知識量,面對任何提問都能以流暢文筆給出準確的回應,不僅能撰寫商業書信與新聞報導,還能精確總結篇幅較長的論文。

ChatGPT的出現讓生成式AI一夕成名,成為眾所矚目的焦點。生成式AI（Generative AI）是藉由學習大量資料,自動生成新內容的AI技術,除了生成文章外,還能生成影像、影片、聲音等內容,即使是業餘人士也能輕鬆創作,AI也因為這項技術開啟了新的時代。

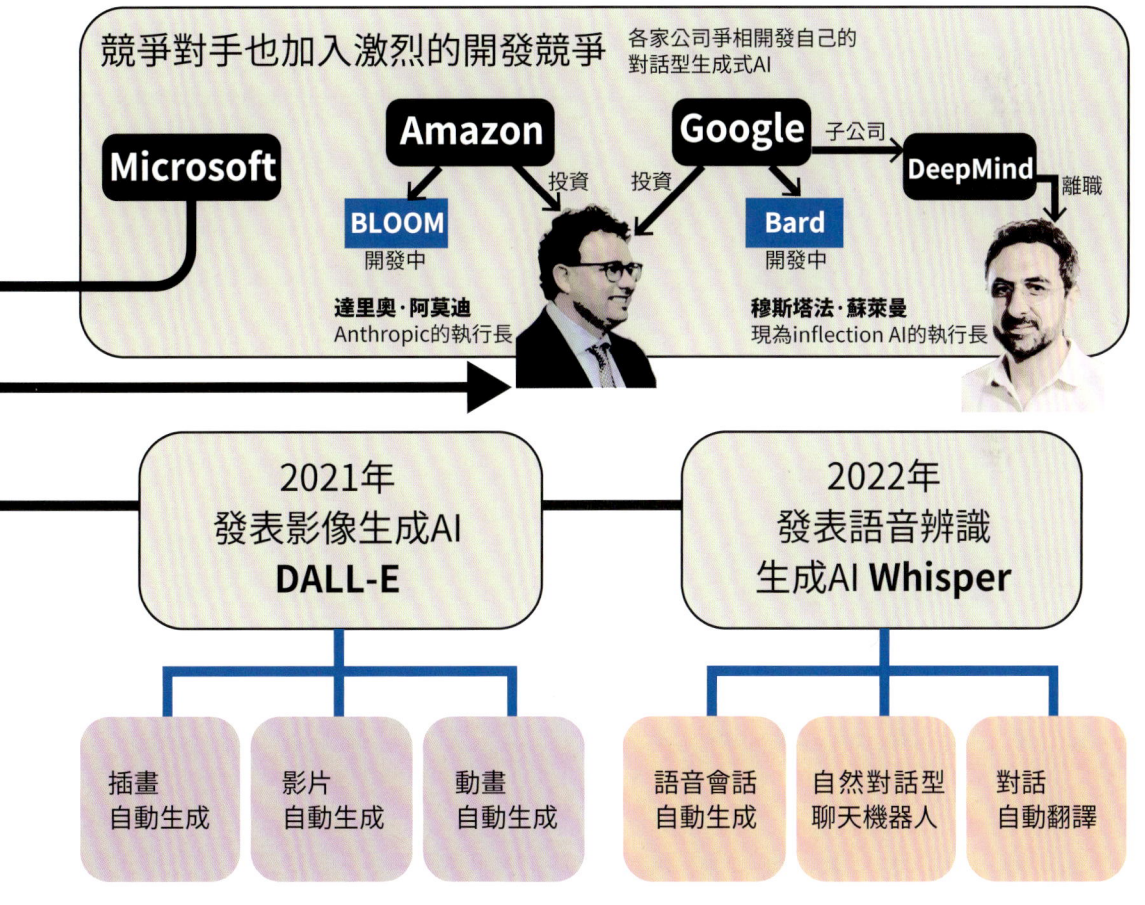

黑暗：知識管理、工作消失、創作者地位下降

ChatGPT的更多內容 請參閱P30～31

AI的基礎知識

ChatGPT是如何像人類一樣掌握語言的？

透過單字填空建構文章

ChatGPT能夠像人類一樣進行自然語言的對話，這是否代表AI已經獲得人類的智慧了呢？

從結論來說，ChatGPT還尚未理解人類語言的涵義，那麼，它又是如何掌握自然語言的呢？我們來簡單了解一下它的運作原理。

ChatGPT是結合對話（Chat）功能與大型語言模型（LLM）的產物，LLM是使用大量資料與深度學習的語言模型，GPT是OpenAI開發的LLM的名稱，現在已經發展到第四個版本。

ChatGPT的原理意外地簡單?!

ChatGPT會參考大量文章樣本，預測文章後續單字出現的機率，從中選出機率最高的單字建構文章

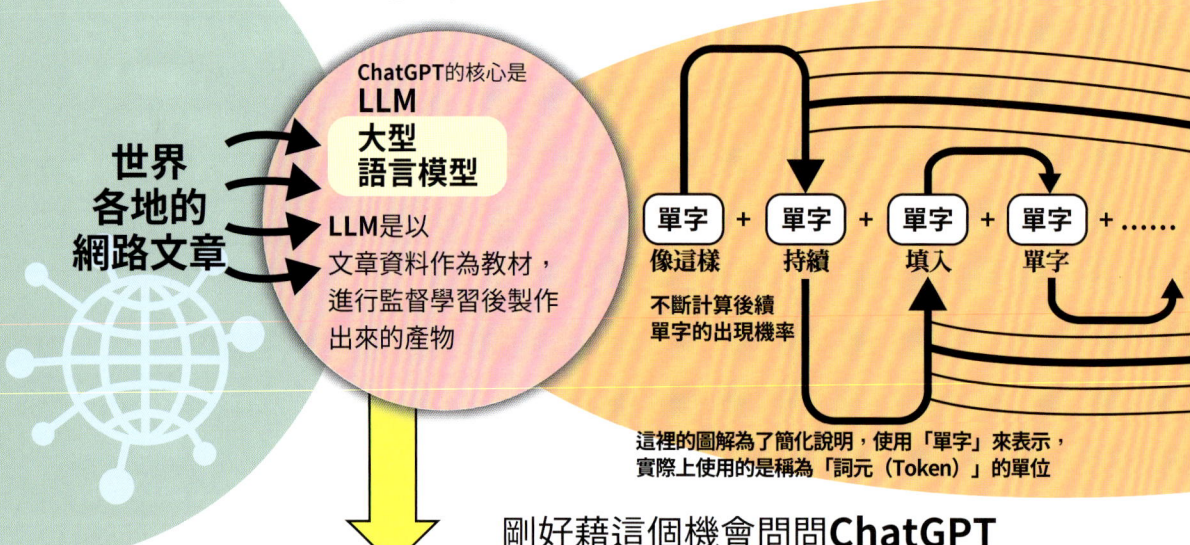

世界各地的網路文章

ChatGPT的核心是 **LLM 大型語言模型**

LLM是以文章資料作為教材，進行監督學習後製作出來的產物

單字 + 單字 + 單字 + 單字 + ……
像這樣　持續　填入　單字

不斷計算後續單字的出現機率

這裡的圖解為了簡化說明，使用「單字」來表示，實際上使用的是稱為「詞元（Token）」的單位

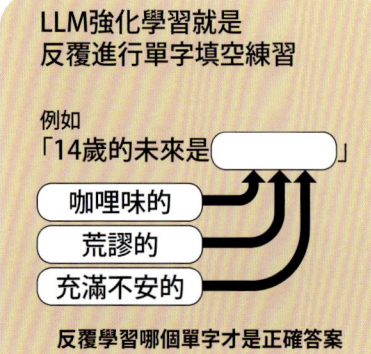

LLM強化學習就是反覆進行單字填空練習

例如
「14歲的未來是＿＿＿」
咖哩味的
荒謬的
充滿不安的

反覆學習哪個單字才是正確答案

剛好藉這個機會問問ChatGPT

Q 世界各地的14歲青少年都在煩惱些什麼？

A 世界各地的14歲青少年所面臨的煩惱有很多種，以下列舉一些常見的煩惱：

1. 對學業與未來感到不安：對於學業的壓力與升學選擇的未來不確定性感到不安，他們對於自己是否能找到與自身能力或興趣相符的道路感到不安。

研究者們先讓LLM記住大量的文章不斷強化學習，簡單來說，這種方法就像第30頁左下的範例一樣，反覆進行「單字填空問題」，選擇出現機率最高的單字填入文章的空白處，並在尋找正確答案的過程中，持續調整深度學習的「加權」參數，在最新的GPT-4裡面大約有7,000億個這樣的參數。如此一來，LLM會從大量的學習記憶裡，挑選出下一個機率最高、最適合的單字，接著反覆進行相同步驟來建構出一篇文章。

從上述的處理過程來看，AI似乎還沒有理解語言的涵義，不過有些研究者對此則抱持另一種觀點，他們認為這種運作方式與人類記憶語言的過程相同，如同嬰兒在尚未理解語言之前，會先將連續音節的結構記下來一樣，ChatGPT或許會反過來推進人類語言的研究進展。

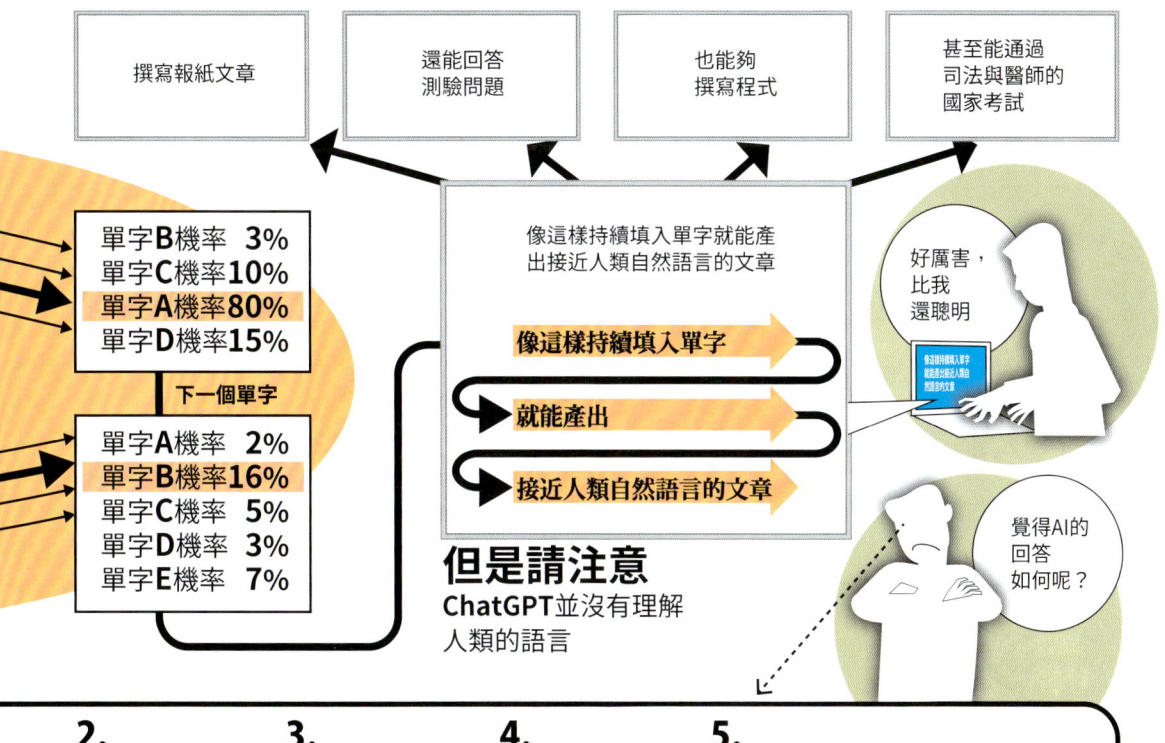

ChatGPT展現出比人類更優秀的文章能力與判斷能力

2.
煩惱社會壓力與人際關係：對同世代朋友的關係、戀愛、友情、自我表現等社會壓力或人際關係感到煩惱，尤其受到社群媒體的影響，會在比較自己與他人的形象後感到壓力上升。

3.
家庭關係問題：與家庭相關的問題，家庭不和睦或跟父母溝通困難等等，家庭環境不穩定有可能會對學業或精神健康造成影響。

4.
擔心身體與精神的狀況：擔心身體出現變化、健康出現問題、壓力、不安、憂鬱等狀況，尤其是伴隨青春期，身心出現劇烈變化時的煩惱占大多數。

5.
擔心社會與世界局勢的問題：對世界上的不公、歧視、紛爭、恐怖主義、氣候變動等感到不安或無力感，對世界未來的發展感到擔憂。

這些是青春期特有的煩惱，對他們而言，成長與發現自我，並以健康的方式來處理這些問題是非常重要的。

只要善用影像生成AI，人人都能成為藝術家?!

只需輸入文字就能畫圖

開發ChatGPT的OpenAI公司，進一步推出DALL-E，讓全世界的人欣喜若狂。這個新的AI，讓即使沒有作畫經驗的人，只要用文章傳達自己想畫的內容，它就能在短短數十秒內，生成符合描述的圖畫、插畫、照片等影像內容，簡直就像魔法一樣。

DALL-E是ChatGPT建立的深度學習的延伸應用，能夠處理的對象不再限於語言，而是擴展到了影像上，這究竟是什麼樣的技術呢？

如同ChatGPT在網路上閱讀並記憶大量文章一樣，DALL-E也是從網路上蒐集影

我突然成為畫家的原因

影像生成AI是

1 AI的訓練準備

素材資料整理

從網路上蒐集影像資料

將影像的特徵加上標籤

讓AI記住影像的類別跟構造

2 AI繪圖訓練

GAN 生成對抗網路

擴散模型生成網路

像資料，擷取影像的特徵，將特徵分類並加上標籤來記憶。

下一步就是讓AI進行影像生成訓練，這裡一樣會用監督學習來強化AI的能力，訓練AI從隨機影像中生成與正確影像相似的結果，或者讓AI記住正確影像受到雜訊破壞，擴散到最小像素的過程後，再反過來生成正確影像等訓練，這項訓練會利用大量的素材不斷重複執行，除此之外，還需要訓練AI從記憶的影像素材中，提取人類語言描述的作畫意圖。

AI在經過這些學習後，無論是誰都能利用它成為畫家吧，然而，自影像生成AI出現以後也引發不少擔憂與反彈，因為AI使用的影像素材可能是出自某位創作者的創作，所以受到著作權的保護。AI生成的影像有可能會侵害現有作品的著作權，因此，如何判斷及使用這類作品的相關討論仍在進行中。

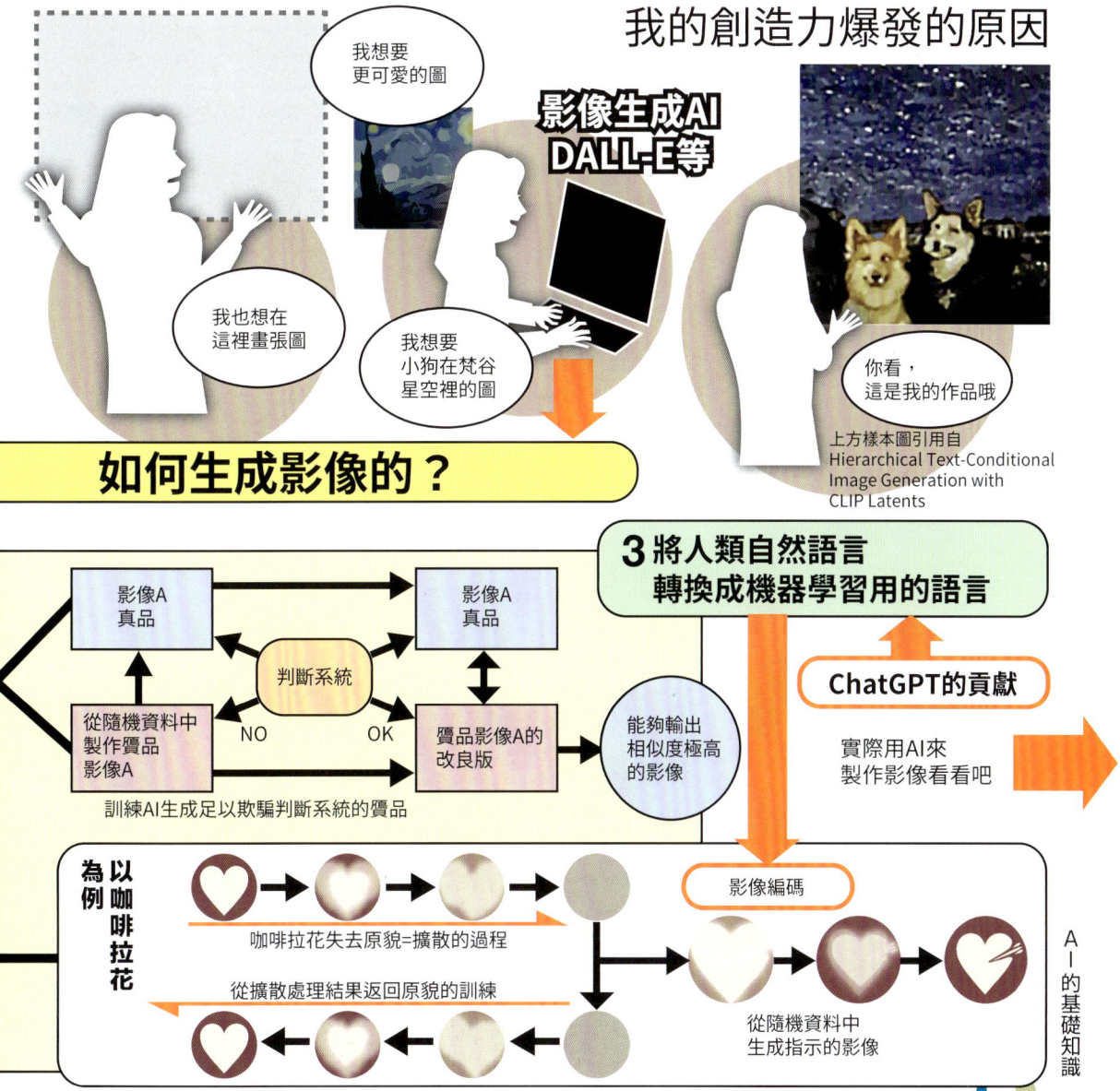

Part 2 AI的基礎知識 ⑧ 嘗試用影像生成AI 製作一本書的封面

提示語（Prompt）的撰寫方式是關鍵

除了前面介紹的DALL-E，現在網路上還提供各種AI生成影像的服務，這些影像生成AI的表現能力及便利性究竟到達什麼程度了呢？為此，本書的平面設計師實際使用影像生成AI製作日文版封面的插圖，以下是其製作的過程。

一般在進行設計作業時，首先會思考該使用何種插圖，將腦海裡模糊的想像轉換成草圖後，再逐步具體化。然而，在使用生成式AI的情況下，必須從一開始就用明確的詞彙，描述插圖的具體內容，這就是所謂的「提示語（Prompt）」。

1 思考設計的大方向

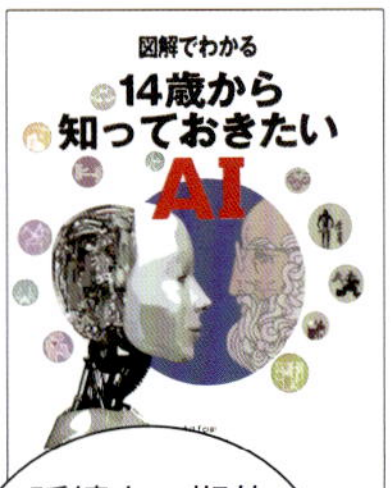

延續上一期的風格，用AI來設計視覺圖看看吧

設計師K氏
年齡？　使用Mac的大師

2 問題是該使用哪種AI

Stable Diffusion、
Midjourney、
DALL・E2、
Bing Image Creator、
Adobe Firefly、
Canva、
Novel AI、
AI Picasso、
StableStudio 等

●專家選擇AI的標準
1 幾年後還存活在市面上
2 著作權爭議的風險較低
3 在設計業有成功的案例
4 可以輕鬆轉換檔案格式
　經過這些考量，專家最後選擇

Adobe Firefly

3 嘗試對AI下達指示

追求具體化的視覺效果

提示語範例
現在要製作生成式AI的書籍，封面設計主題是AI與人類，請用光與知識的素材描繪未來的景象，並盡可能真實一點

首先考慮兩種設計方向

提示語範例
現在要製作生成式AI的書籍，封面主題設計請用馬諦斯風格表達人類的DNA螺旋構造、基因組及符號，請盡量簡潔並分散放置

象徵性與抽象化的方向

4 突然就跳出視覺圖了!!

這些就是生成後的結果，作畫很漂亮，但用單張圖作為封面視覺能夠完全表達出主題嗎？

以視覺圖作為起點改變提示語後反覆生成

這些就是生成後的結果，想法很有趣，感覺像AI從自己的想像中，挖掘出自己從沒想過的靈感

提示語是給AI的指示，這點不僅適用在影像生成，在ChatGPT等對話型系統中，如何準確地將用戶的意圖傳達給AI非常重要。

事實上，對習慣用想像來思考的設計師來說，這正是最困難的部分，設計師需要反覆嘗試錯誤，將想法轉換成語言傳達給AI。接下來，AI會生成幾張接近目標的影像，設計師們會根據這些影像去修改提示語，反覆進行生成。

反覆生成的最後，會完成幾張候選插圖，除了大幅縮短平常作業的時間，還能從AI那裡得到意想不到的靈感，這也算是使用生成式AI的一項優點吧。

那麼，利用AI插圖製作的封面長什麼樣子呢？各位讀者不妨搜尋看看成果吧。

5 接下來設計成封面看看吧

6 從現在開始才是設計師真正的工作

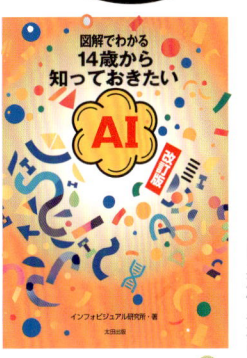

AI的基礎知識

35

夢想般的自動駕駛汽車，隨著AI登場邁向新階段

IT產業率先發展的自動駕駛技術

2018年，Google旗下的Waymo公司，成為全球首間將自動駕駛計程車商業化的企業。

汽車的自動駕駛並不是什麼新穎的技術，隨著電腦機械控制技術的進步，日本的汽車製造商也一直在進行相關的研究。然而，率先取得劃時代成果的是美國的IT產業。

自動駕駛汽車的核心技術，在於能夠超高速處理3D影像的半導體。對汽車而言，必須要能夠掌握道路的狀況，這些道路狀況是透過高精度攝影鏡頭、雷達、紅

Level 1 輔助駕駛 防撞功能等

Level 2 有條件的 部分自動駕駛
高速行駛下的輔助駕駛駕駛由人類負責，AI則進行輔助

Level 3 高速公路塞車時的自動駕駛，必要時由人類操控

汽車自動駕駛等級與全球製造商的發展程度

SUBARU並沒有稱 EyeSight為自動駕駛 ── SUBARU　Audi？ ── TOYOTA　BMW　NISSAN　Mer

1 實現自動駕駛的基礎技術
必須要有高精度3D攝影鏡頭與雷達技術

後方側視鏡頭 100m
倒車鏡頭 50m
前方側視鏡頭 80m
廣角前視鏡頭 60m
主前視鏡頭 150m
長焦鏡頭 250m
超音波感測器 8m
雷達 160m

2 必須要有超高速與高精度的影像處理技術

畫面取自NISSAN的ProPILOT的宣傳資料，展示在行駛過程中能即時將前方視野轉換為數位資料

電動車(EV)與自動駕駛的頂尖製造商「特斯拉」，其車載感測系統透過鏡頭與雷達，觀測車輛周圍360度的環境

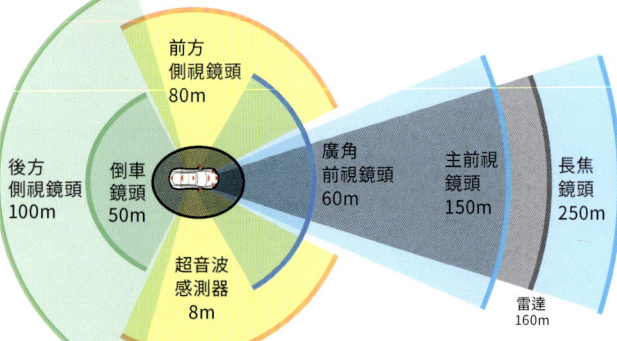

讓感測系統得以實現的技術
高精度3D影像生成技術

掌握外部環境的立體資訊

＋

超高速CMOS感測器技術
即時量測與外部物體的距離

運用高性能GPU
超高速處理3D影像的圖形處理器（GPU）

＝

美國NVIDIA公司結合強項的3D影像處理技術，開發出車載用GPU，成為AI自動駕駛的關鍵元件

外線等感測器收集而來的資訊。然而，若3D資料處理的速度無法達到即時操作，無論這些感測器性能再高，也無法在自動駕駛中發揮作用。

開發出這種能夠超高速且精確運算3D影像資訊半導體的，是當時在美國的遊戲半導體製造商NVIDIA公司。對遊戲半導體而言，影像處理速度是最重要的關鍵，為了這項目的，該公司獨立開發專門處理3D影像的單晶片——GPU（Graphics Processing Unit：圖形處理器），GPU的誕生讓美國的IT企業與特斯拉等公司的自動駕駛技術獲得飛躍性的成長。

現在各國的汽車製造商正積極開發具備AI系統的自動駕駛汽車，如下圖所示，自動駕駛分為5個階段。日本的HONDA在2021年率先發售Level3的汽車，特斯拉則是以Level5的完全自動駕駛為目標，但似乎還需要一些時間才能確保安全性。

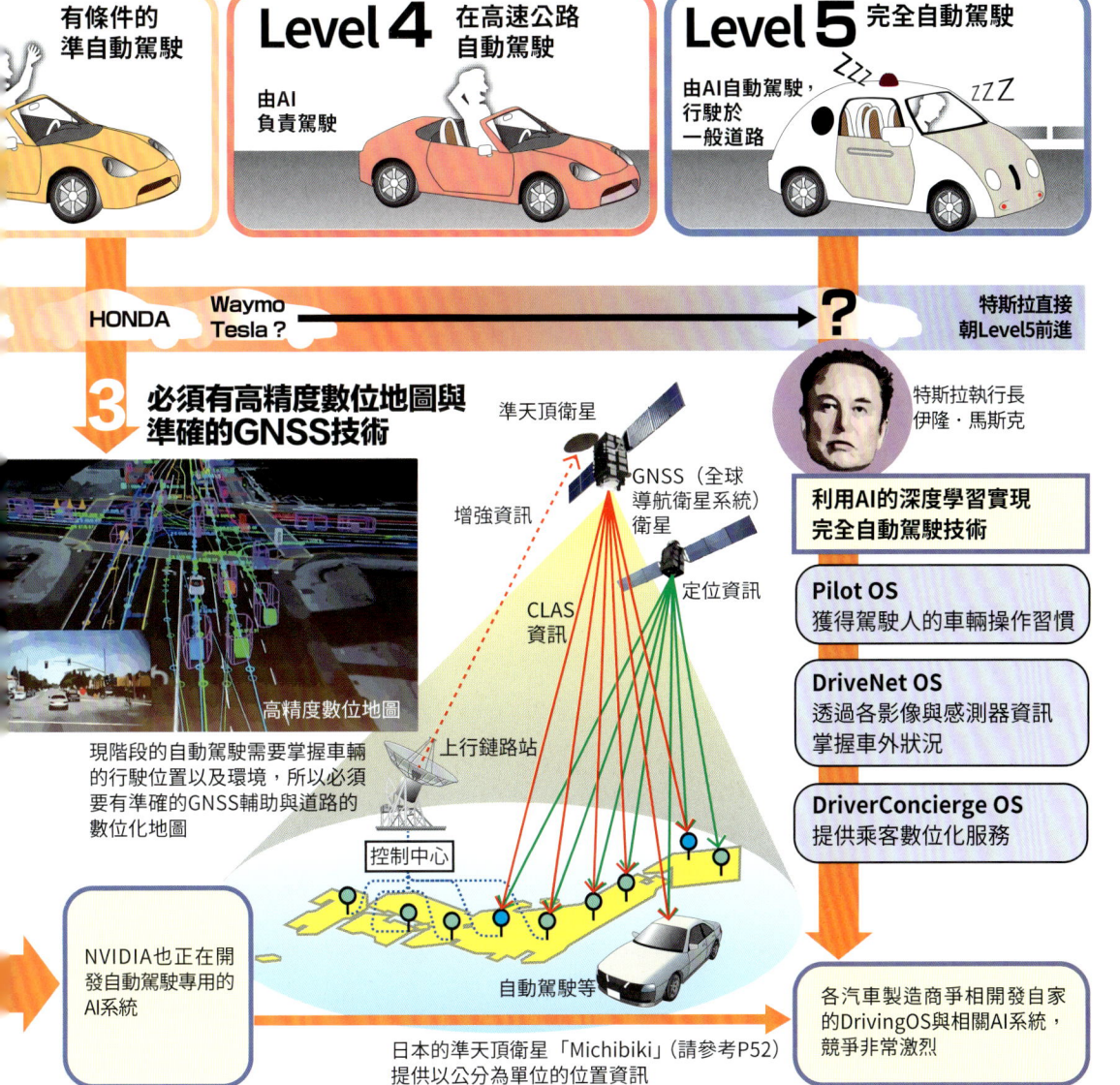

有條件的準自動駕駛

Level 4 在高速公路自動駕駛
由AI負責駕駛

Level 5 完全自動駕駛
由AI自動駕駛，行駛於一般道路

HONDA　Waymo Tesla？　　　　　　　　　　？　　特斯拉直接朝Level5前進

特斯拉執行長 伊隆・馬斯克

利用AI的深度學習實現完全自動駕駛技術

Pilot OS 獲得駕駛人的車輛操作習慣

DriveNet OS 透過各影像與感測器資訊掌握車外狀況

DriverConcierge OS 提供乘客數位化服務

各汽車製造商爭相開發自家的DrivingOS與相關AI系統，競爭非常激烈

3 必須有高精度數位地圖與準確的GNSS技術

準天頂衛星
GNSS（全球導航衛星系統）衛星
增強資訊
CLAS資訊
定位資訊
高精度數位地圖
上行鏈路站
控制中心
自動駕駛等

現階段的自動駕駛需要掌握車輛的行駛位置以及環境，所以必須要有準確的GNSS輔助與道路的數位化地圖

NVIDIA也正在開發自動駕駛專用的AI系統

日本的準天頂衛星「Michibiki」（請參考P52）提供以公分為單位的位置資訊

AI的基礎知識

37

Part 2 AI的基礎知識 ⑩

日本與歐美開發的機器人，會在配備AI大腦後超越人類嗎？

▎機器人從硬體走向軟體時代

世界首個工業機器人於1962年的美國誕生，但受到美國工會強烈反對的緣故並沒有普及，反而是日本積極引進工業機器人到產業當中。

這背後存在觀念上的差異，在基督教的文化中，認為只有神能夠創造生命，人類侵犯神的領域是有罪的行為，從古老的科學怪人到魔鬼終結者，在歐美虛構作品出現的人造人，通常都被描繪成危險的邪惡怪物。

而在日本，機器人通常被描繪成《原子小金剛》般的人類夥伴，這或許源自東

---

1 東方與西方截然不同的機器人思想

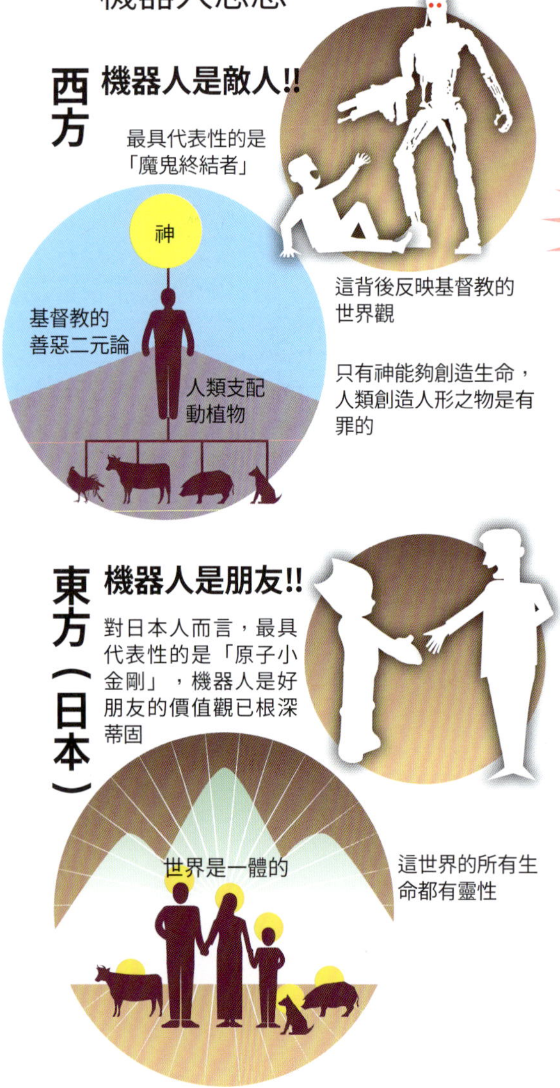

西方 機器人是敵人！！

最具代表性的是「魔鬼終結者」

神
基督教的善惡二元論
人類支配動植物

這背後反映基督教的世界觀

只有神能夠創造生命，人類創造人形之物是有罪的

東方（日本） 機器人是朋友！！

對日本人而言，最具代表性的是「原子小金剛」，機器人是好朋友的價值觀已根深蒂固

世界是一體的

這世界的所有生命都有靈性

---

2 機器人是奪走勞動者工作的怪物

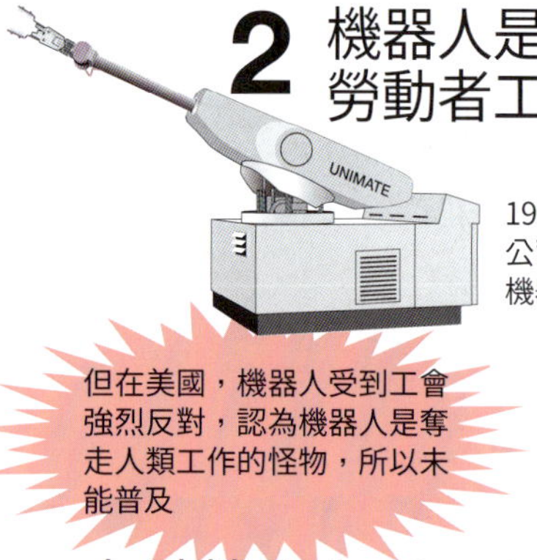

1962年，Unimation公司成功發明工業用機器人

但在美國，機器人受到工會強烈反對，認為機器人是奪走人類工作的怪物，所以未能普及

日本方面則欣然接受，日漸普及

友誼機器人ASIMO的誕生與進化

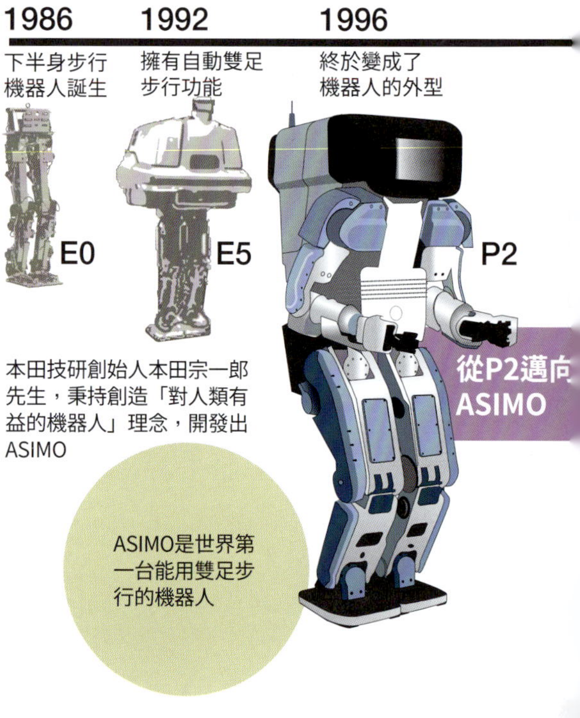

1986 下半身步行機器人誕生 E0

1992 擁有自動雙足步行功能 E5

1996 終於變成了機器人的外型 P2

本田技研創始人本田宗一郎先生，秉持創造「對人類有益的機器人」理念，開發出ASIMO

從P2邁向ASIMO

ASIMO是世界第一台能用雙足步行的機器人

方思想中「萬物皆有靈」的觀念，主張所有生命皆應受到尊重，所以較能接受機器擁有人格的思想，也因此工業機器人在日本產業界的接受度很高，發展相當迅速。

日本發展機器人是以重現原子小金剛為目標，1973年，早稻田大學誕生了世界第一台真正的類人型機器人（Humanoid）「WABOT-1」（P11）；本田技研工業則耗費14年的時間，於2000年完成了世界第一台雙足步行機器人「ASIMO」，其流暢的步伐令眾人為之驚嘆。

另一方面，歐美則將重點放在強化特定功能的機器人開發上，他們意識到重要的並非機器人的硬體，而是驅動機器人的軟體，當時也正好逢語音辨識、影像辨識以及AI系統取得重大成果的時期，於是機器人的研究從硬體時代走向軟體時代，如今，配備AI系統，可以自主思考並行動的機器人也陸續推出。

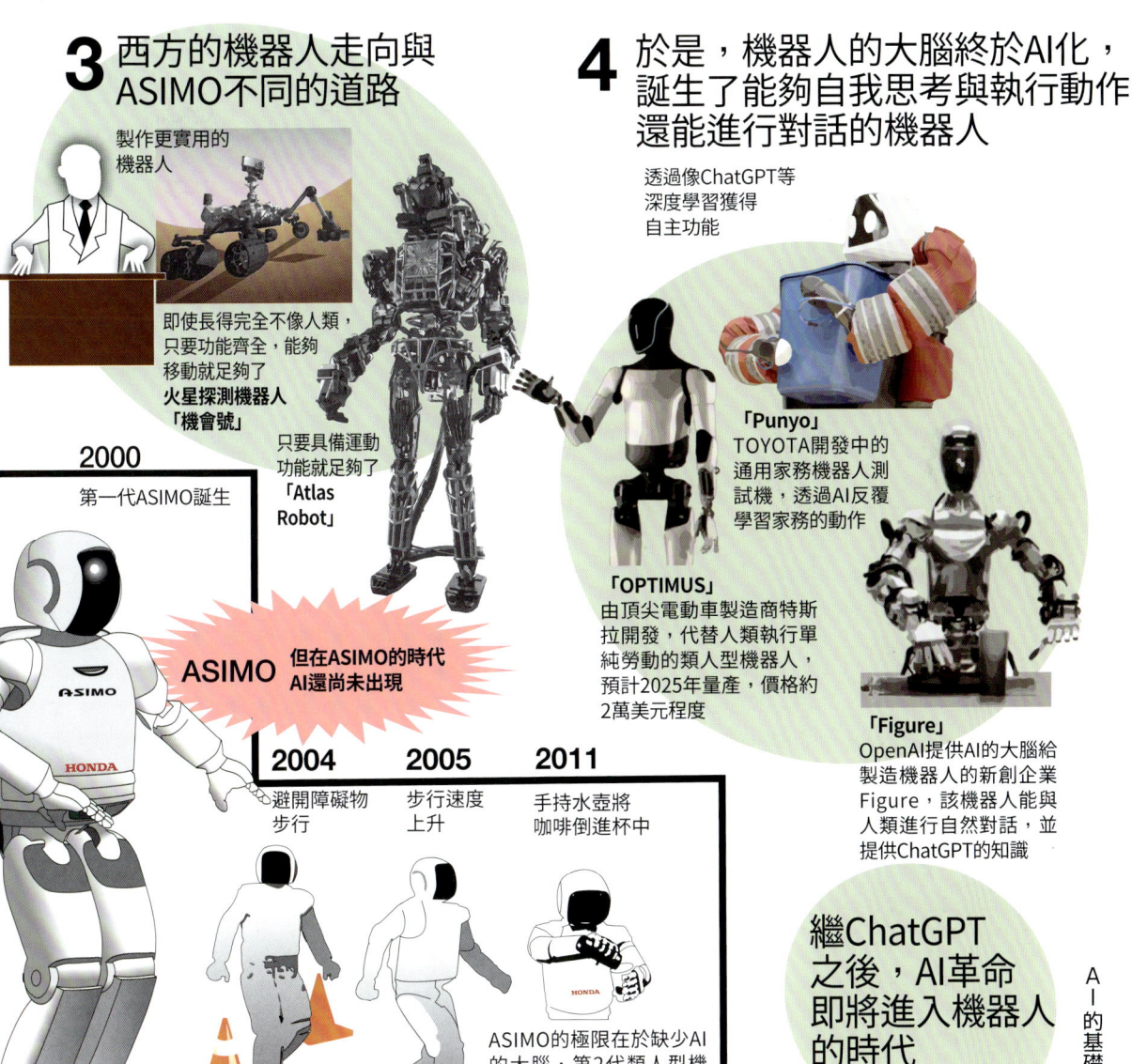

3 西方的機器人走向與ASIMO不同的道路

製作更實用的機器人

即使長得完全不像人類，只要功能齊全，能夠移動就足夠了
火星探測機器人「機會號」

只要具備運動功能就足夠了
「Atlas Robot」

2000 第一代ASIMO誕生

ASIMO 但在ASIMO的時代AI還尚未出現

2004 避開障礙物步行

2005 步行速度上升

2011 手持水壺將咖啡倒進杯中

ASIMO的極限在於缺少AI的大腦，第2代類人型機器人將輕鬆超越這項限制

4 於是，機器人的大腦終於AI化，誕生了能夠自我思考與執行動作還能進行對話的機器人

透過像ChatGPT等深度學習獲得自主功能

「Punyo」
TOYOTA開發中的通用家務機器人測試機，透過AI反覆學習家務的動作

「OPTIMUS」
由頂尖電動車製造商特斯拉開發，代替人類執行單純勞動的類人型機器人，預計2025年量產，價格約2萬美元程度

「Figure」
OpenAI提供AI的大腦給製造機器人的新創企業Figure，該機器人能與人類進行自然對話，並提供ChatGPT的知識

繼ChatGPT之後，AI革命即將進入機器人的時代

AI的基礎知識

Part 2 AI的基礎知識 11

成熟的數位化社會加速了AI的發展

半導體的進化成為突破口

在AI開發迎來寒冬期的1990年代，仍然有一個領域發展得相當出色，那就是讓全世界年輕人著迷的電腦遊戲世界。

而支撐遊戲創造世界的，正是能夠用超高速描繪細緻影像的半導體——GPU（Graphics Processing Unit：圖形處理器）。GPU是專為即時影像處理開發出來的產品，能夠在高速下同時進行多個簡單計算，在GPU開發中遙遙領先的是1993年創立的美國公司NVIDIA，而該公司的GPU也成為AI開發的突破口。

讓我們回想一下運用深度學習辨識貓

因為有周邊技術的發展，AI研究才得以取得重大突破

超級電腦性能大幅提升，甚至推出AI學習專用的超級電腦

2023年世界最快的超級電腦是美國開發的「Frontier」，其運算能力達到119京以上

2017年世界最快的超級電腦是中國的「神威‧太湖之光」，運算能力為9.3京

日本的「富岳」位居第4名，運算能力為44京，但在AI學習方面展現出強大的能力。東北大學、東京大學與富士通合作，完成了即時預測地震引發海嘯災害的系統

微軟投資15兆日圓，開發AI專用的超級電腦，亞馬遜也同樣投資22兆日圓建設AI相關的資料中心

AI專用超級電腦的性能並不是用以往的運算速度來衡量，而是在大型語言模型中的參數運算處理能力上競爭，最新系統能夠處理的參數量為3,000億

全球主要社交媒體平台的用戶資料
- Facebook　　29億人
- YouTube　　25億人
- Googlee搜尋　43億人
- Google Map　10億人
- X(Twitter)　　3億人

運用大數據進行

網路上的內容資料
維基百科
企業廣告與教育機構公開資訊
行政公開資訊
AI強化學習用的4億個單字

AI開發停滯期 ｜ **AI再度開發期**

機器學習的進展

電腦遊戲盛行，遊戲影像製作技術進步

遊戲製作要求高速、高精度的影像處理

將影像處理用GPU運用在機器學習上

NVIDIA公司的遊戲用GPU帶動半導體開發

將影像處理專用半導體GPU運用在自動駕駛技術上

影像處理技術是開發汽車自動駕駛技術的必備條件

電腦遊戲作為次文化，成為內容產業的核心

4K影像攝影鏡頭普及
CMOS感測器普及

影像的實驗，這項實驗進行的計算正是GPU最擅長的影像處理計算。辨識實驗需要讀取大量的影像資訊，從中提取有意義的特徵，並從該分類中推測彼此的關聯性，這類作業正是遊戲用GPU的強項。

得到GPU的加持，AI研究取得了重大的突破，為了進行龐大的運算，超級電腦也應運而生，與此同時，汽車自動駕駛的研究也有所進展，再加上同時期的網際網路快速普及，大量資料在網路上累積，形成所謂的「大數據」，讓AI獲得豐富的學習資料。

總結來說，AI的技術革新，是與周邊關聯技術一同進化，並持續互相合作才得以實現。

如今，AI在成熟的數位社會中逐漸成為主角，這將會帶給人類生活什麼樣的變化呢？接下來就讓我們深入了解。

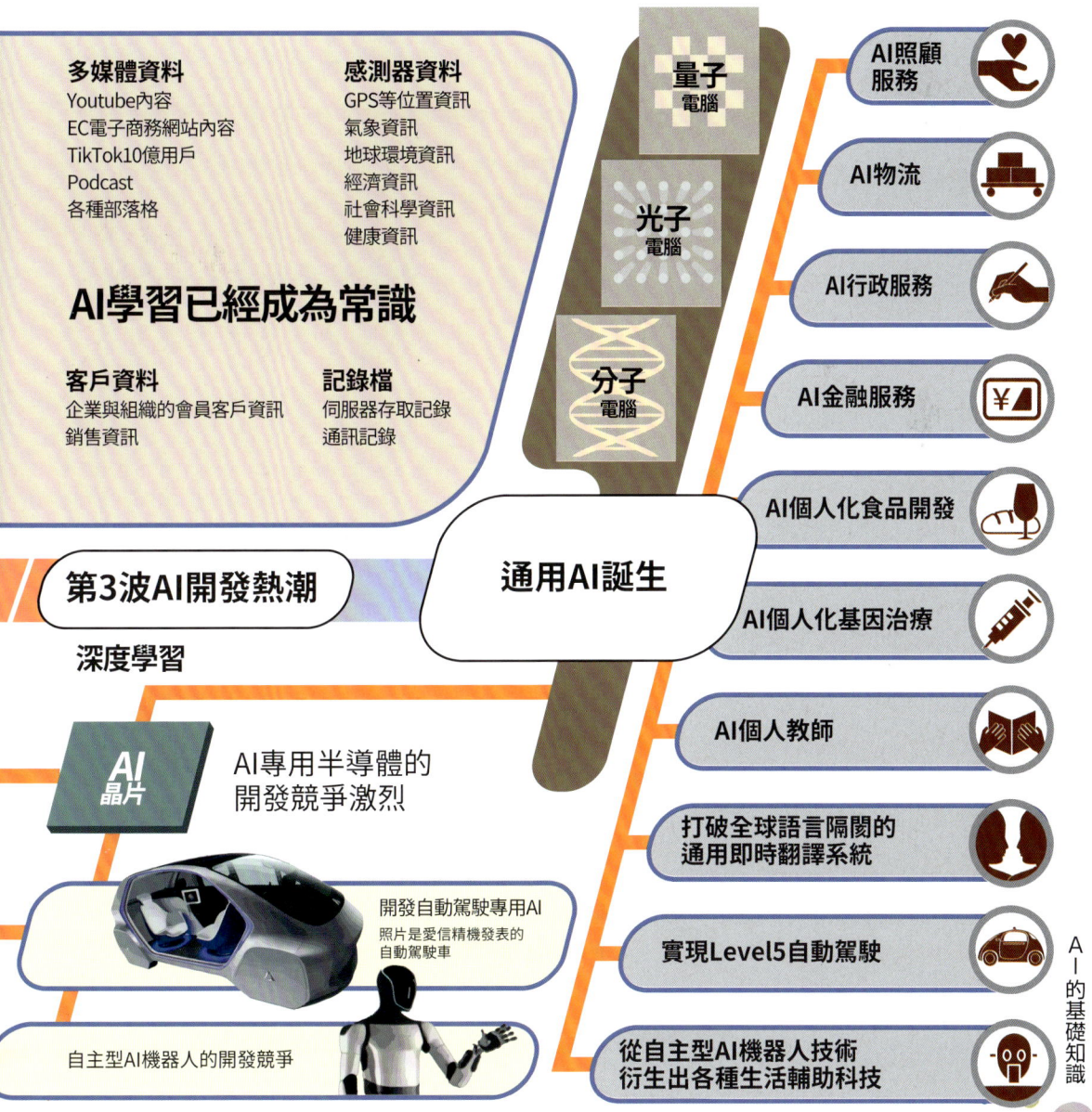

AI學習已經成為常識

多媒體資料
Youtube內容
EC電子商務網站內容
TikTok10億用戶
Podcast
各種部落格

感測器資料
GPS等位置資訊
氣象資訊
地球環境資訊
經濟資訊
社會科學資訊
健康資訊

客戶資料
企業與組織的會員客戶資訊
銷售資訊

記錄檔
伺服器存取記錄
通訊記錄

第3波AI開發熱潮

深度學習

AI晶片

AI專用半導體的開發競爭激烈

開發自動駕駛專用AI
照片是愛信精機發表的自動駕駛車

自主型AI機器人的開發競爭

量子電腦
光子電腦
分子電腦

通用AI誕生

- AI照顧服務
- AI物流
- AI行政服務
- AI金融服務
- AI個人化食品開發
- AI個人化基因治療
- AI個人教師
- 打破全球語言隔閡的通用即時翻譯系統
- 實現Level5自動駕駛
- 從自主型AI機器人技術衍生出各種生活輔助科技

AI的基礎知識

Part 3 在AI影響下轉型的工作 ①

AI擅長的領域
AI會取代哪些勞動？人類又有哪些無法取代的能力？

AI
Artificial Intelligence

人工智慧
＋
大數據
＋
精密機械控制
＋
AI機器人

AI取代人類工作的三個領域

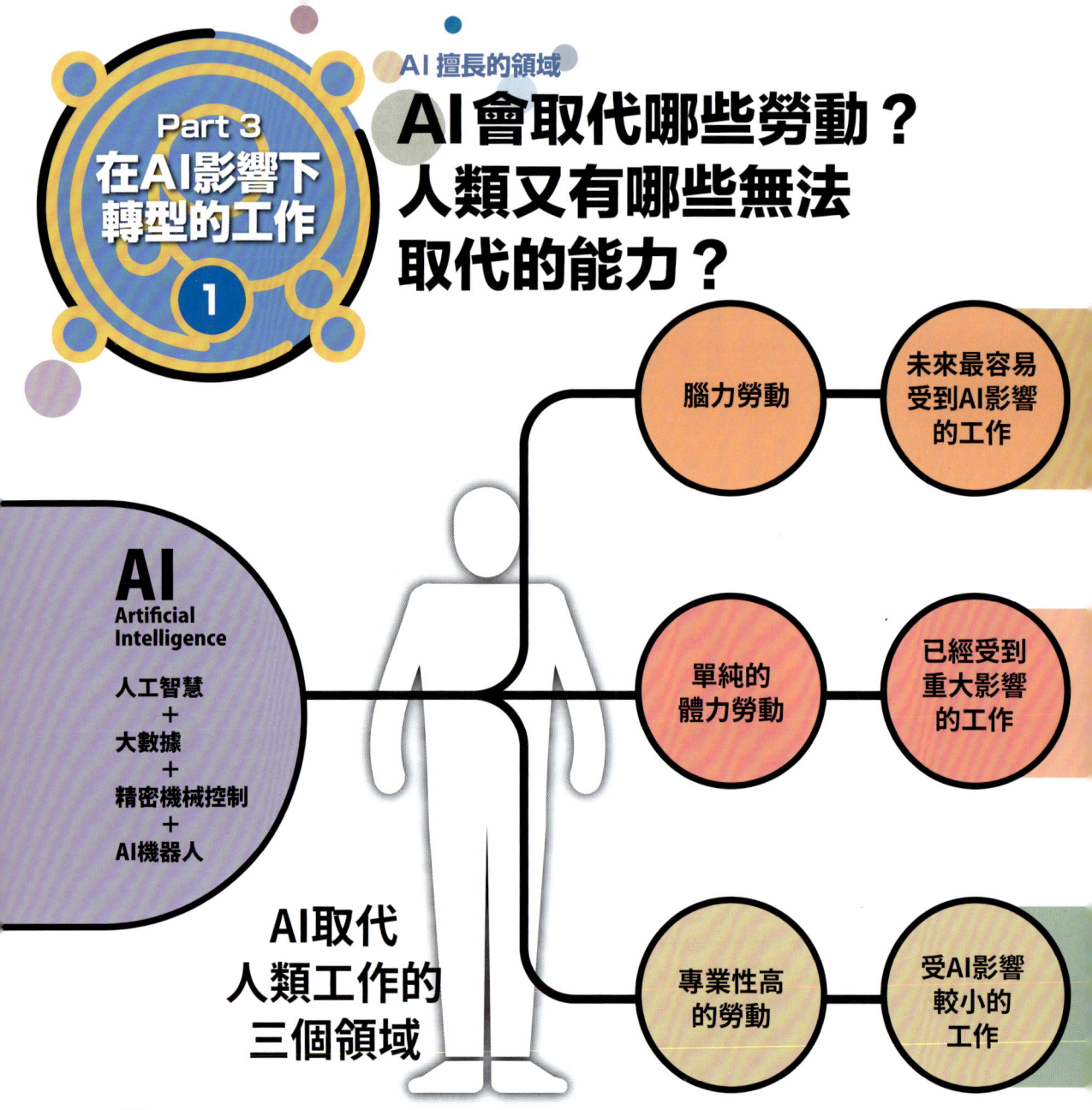

- 腦力勞動 → 未來最容易受到AI影響的工作
- 單純的體力勞動 → 已經受到重大影響的工作
- 專業性高的勞動 → 受AI影響較小的工作

人類一半的工作將會消失?!

現在的職業將近一半會在10～20年後被AI取代——。2013年，英國牛津大學的副教授邁克爾奧斯伯恩，發表了一份令人震撼的報告，他針對美國的702種職業進行調查，了解這些職業自動化的程度，結果顯示，勞動人口中的47%有可能會被AI取代。

人們始終相信，無論科技再怎麼進步，還是有許多人類才能完成的工作，工業革命帶來的機械化進步，引發當時大量的失業憂慮，但隨著服務業等新興職業的誕生，機器依舊沒有取代人類。

然而，AI技術的發展速度遠遠超過以往的技術革新，似乎已經開始威脅到人類的工作。

AI不擅長人類能夠輕易做到的事情

2013年時，人們預測最先受到AI影響的是從事體力勞動的藍領職業，其次是流

預計部分工作內容將會被AI取代的職業

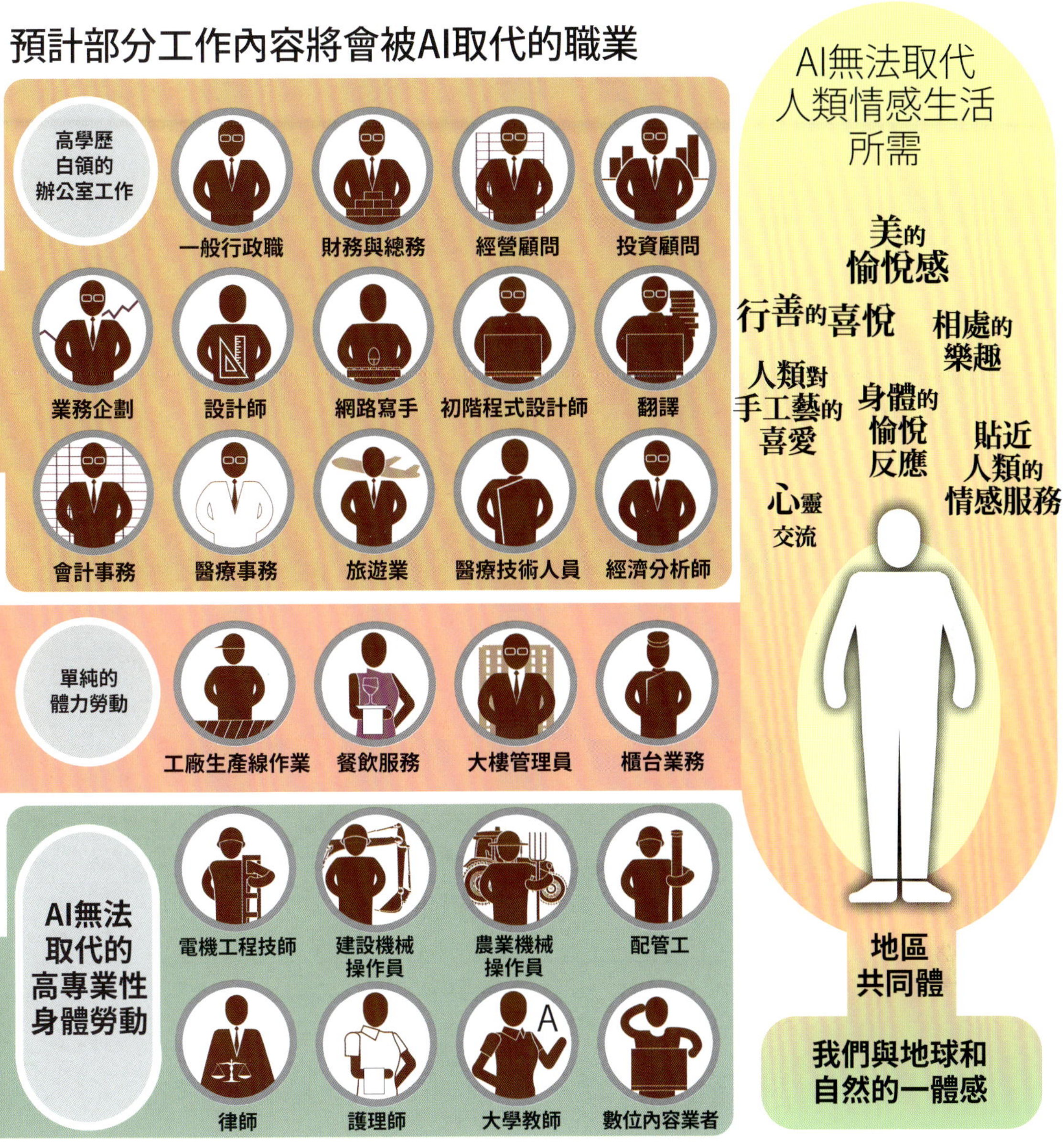

高學歷白領的辦公室工作
- 一般行政職
- 財務與總務
- 經營顧問
- 投資顧問
- 業務企劃
- 設計師
- 網路寫手
- 初階程式設計師
- 翻譯
- 會計事務
- 醫療事務
- 旅遊業
- 醫療技術人員
- 經濟分析師

單純的體力勞動
- 工廠生產線作業
- 餐飲服務
- 大樓管理員
- 櫃台業務

AI無法取代的高專業性身體勞動
- 電機工程技師
- 建設機械操作員
- 農業機械操作員
- 配管工
- 律師
- 護理師
- 大學教師
- 數位內容業者

AI無法取代人類情感生活所需

- 美的愉悅感
- 行善的喜悅
- 相處的樂趣
- 人類對手工藝的喜愛
- 身體的愉悅反應
- 貼近人類的情感服務
- 心靈交流

地區共同體

我們與地球和自然的一體感

程相對固定的行政類白領職業；相反地，預測中無法被AI取代的是，需要創造性與知識互動的工作。

然而，10幾年後的現在，發生了意想不到的結果，AI化程度最高的是白領職業，而隨著生成式AI的進步，圖像、影片還有動畫製作等高創造性職業也開始受到威脅。另一方面，曾經認為在自動駕駛與AI機器人普及後，會受到嚴重影響的司機、送貨員、建設作業員等勞力工作不但沒有消失，還一直處於人力不足的情況。

這不禁讓人想起「莫拉維克悖論」（P9）的內容，「AI擅長高度知識的作業，卻不擅長人類能夠輕易做到的事情」，結果也證明了這項悖論。

職場引進AI後，將會如何改變人類的工作呢？接下來的頁面，將會介紹典型職業的現況與未來。

在AI影響下轉型的工作

43

Part 3 在AI影響下轉型的工作 ②

公司轉型

隨著AI與機器人的引進，糖果公司將會發生什麼變化？

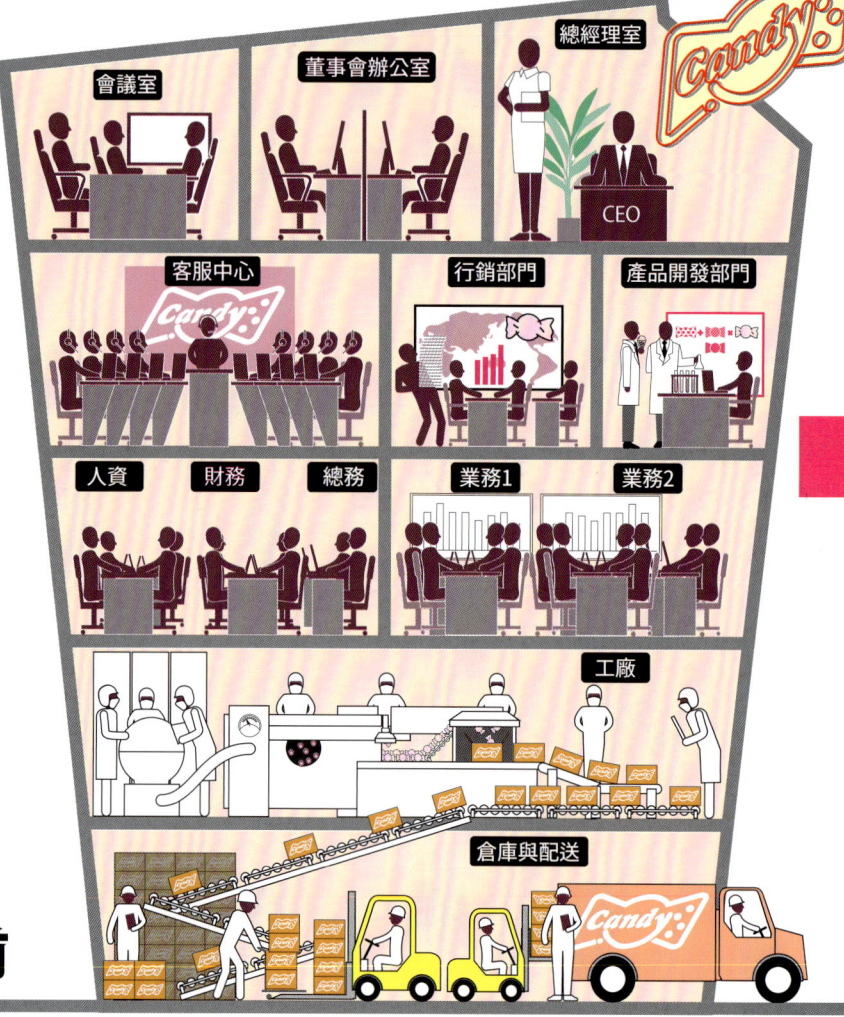

會議室　董事會辦公室　總經理室　CEO
客服中心　行銷部門　產品開發部門
人資　財務　總務　業務1　業務2
工廠
倉庫與配送

引進AI前

◉ 職場上會有超過一半的人消失

有一間專門製造糖果、零食的公司，由總經理與董事們帶領著許多員工，負責主力產品糖果的生產與銷售。

若在這家極為普通的公司裡引進AI，會出現什麼樣的變化呢？上面的兩張圖比較了各自的情況。與引進AI前的左圖相比，引進後的右圖可以明顯看出工作的人數減少了。

其中人數減少最明顯的是人資、財務、總務等行政部門。原本在各自電腦上處理的資料管理、經費、銷售額及薪資計算等例行工作，現在全交由AI統一管理，人類的工作幾乎消失。

接聽消費者來電的客服中心也同樣不見人影，自動語音應答系統取代了以往的接線專員，自動處理客戶的諮詢。

業務部門也在引進AI後剩下少數菁英，利用電商網站開發新客戶，同時，接單、生產、庫存等資訊也全部集中管理。

原本就已經自動化的工廠，在引進自

引進AI後

AI會議室 — AI提供經營方針，工作量不多；AI擔任主席主持遠端會議

董事會辦公室

總經理室 — CEO；總經理還會特別安排人類祕書嗎？

AI行銷部門＋AI客服中心 — 運用消費趨勢等大數據

AI協助商品企劃開發 — 人類仔細審閱AI提出的商品開發計畫

AI內部業務管理中心 — 幾乎無人運作，直接影響行銷決策；公司內部行政管理接近無人化

電商直營業務 — AI管理供應鏈

AI生產管理工廠 — AI生產管理；投入自主型AI工廠機器人幾乎實現無人化

AI倉儲管理與物流中心 — 自主型倉儲管理機器人；自主配送管理機器人；自動駕駛貨車

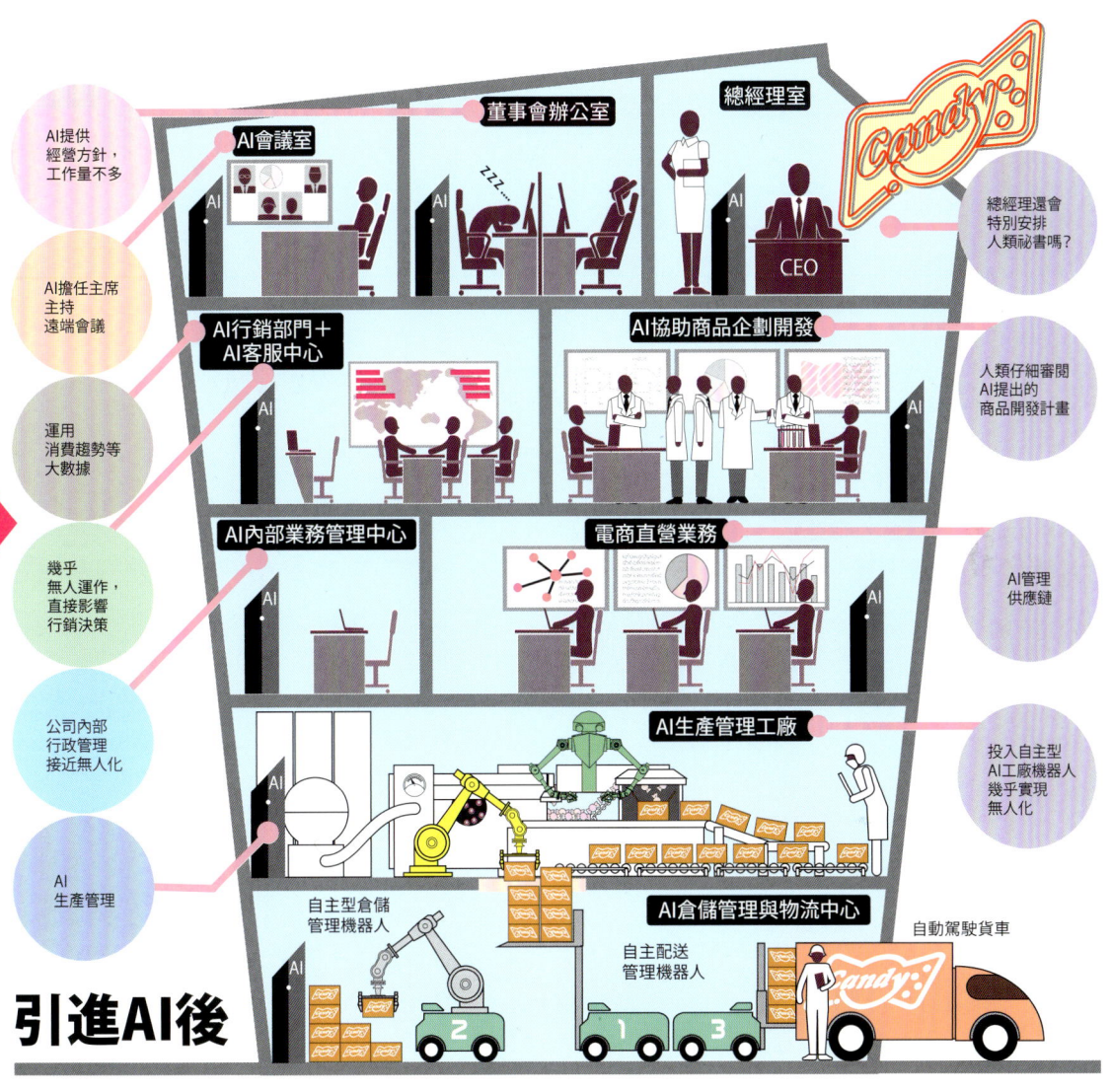

主型機器人後幾乎實現無人化，商品倉儲與運送部門的員工也同樣被機器人與自動駕駛汽車取代。

　　從過往引進AI的案例來看，普遍認為AI最不擅長開發商品部門這種需要新穎且獨特的創意工作，然而，正如我們前面看到的，隨著ChatGPT的出現，AI似乎也能在這項領域大展身手，只要指示AI發想新的點心產品，AI立刻就能冒出數十個提案，再由人類職員仔細審閱內容，選擇實際可行的方案。透過這種方式引進AI後，或許能創造出讓人類更專注於核心工作的環境。

Part 3 在AI影響下轉型的工作 ③

醫療①

在醫療AI的協助下，醫護人員與醫院將會發生什麼變化？

AI輔助診斷與手術

2016年，東京大學醫學科學研究所，發表一項AI拯救患者性命的案例。IBM的AI華生（Watson）在短短十分鐘內就診斷出難以辨別的白血病類型，並提出適當的治療方式，幫助患者恢復健康。

從患者的症狀到確定疾病名稱，需要比對過去病例與醫學論文等大量醫療資訊，而這正好是擅長處理與分析大數據的AI的強項，AI迅速且精密做出診斷，最終由醫師進行判斷。透過AI支援繁忙的醫師，從而提供品質更高的醫療計畫正在世界各國推行。

除了診斷病情外，也開始推出支援醫療行為的AI機器人，在日本，許多醫院已經開始採用美國直覺手術（Intuitive Surgical）公司開發的手術輔助機器人「達文西」，醫生可以透過3D影像，遠端操作機器手臂，彷彿進入患者體內進行精密手術一樣，獲得很高的評價。世界各國正在開發類似的手術輔助機器人，在日本，由川崎重工業與Sysmex公司共同開發的「hinotori」也正式進入實用階段。

在攸關性命的醫療現場，始終要求更高水準的診斷與治療技術，而患者對最新醫療設備的接受度也較高，醫療AI或許很快就會成為醫院不可或缺的存在。

透過醫療AI的支援，實現更精準的診斷與治療，減輕醫療人員的負擔

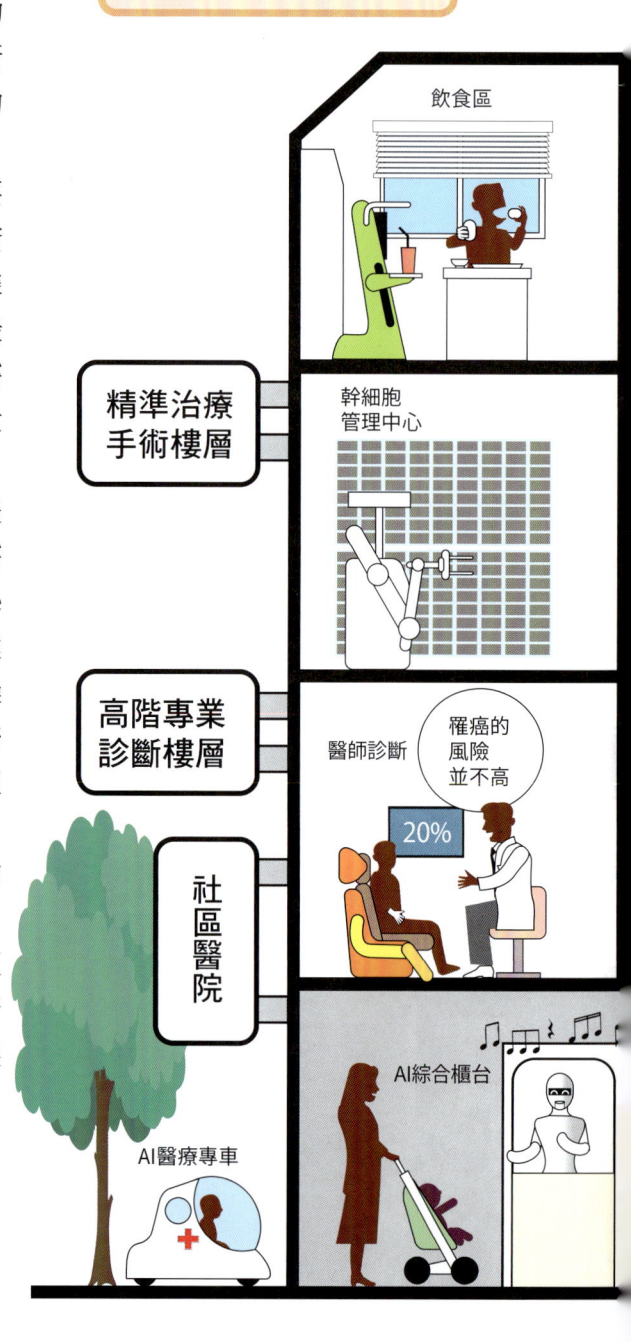

飲食區

精準治療手術樓層　幹細胞管理中心

高階專業診斷樓層　醫師診斷　罹癌的風險並不高　20%

社區醫院

AI醫療專車

AI綜合櫃台

社區醫療暨健康支援中心

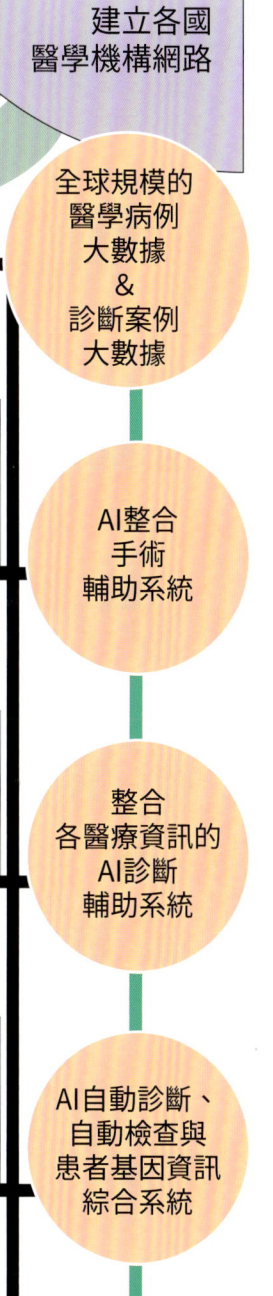

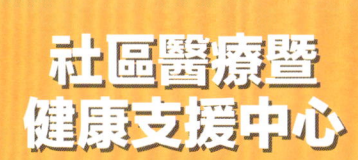

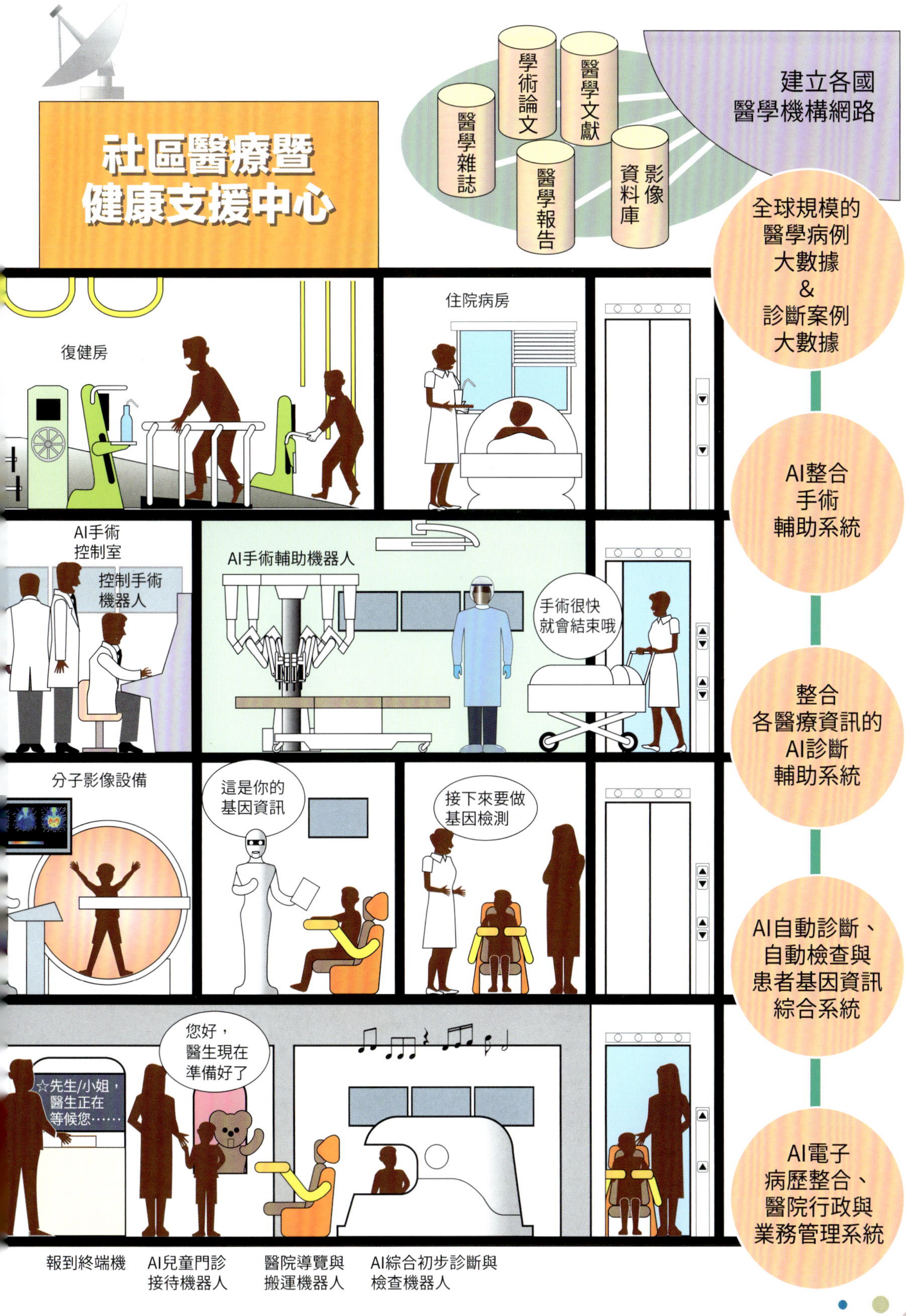

建立各國醫學機構網路

- 醫學雜誌
- 學術論文
- 醫學文獻
- 醫學報告
- 影像資料庫

全球規模的醫學病例大數據 & 診斷案例大數據

AI整合手術輔助系統

整合各醫療資訊的AI診斷輔助系統

AI自動診斷、自動檢查與患者基因資訊綜合系統

AI電子病歷整合、醫院行政與業務管理系統

復健房

住院病房

AI手術控制室
控制手術機器人

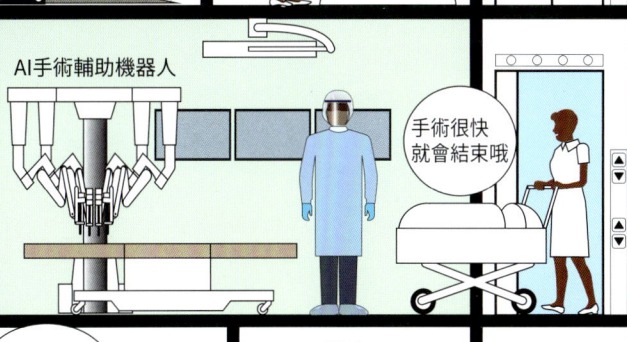

AI手術輔助機器人
「手術很快就會結束哦」

分子影像設備

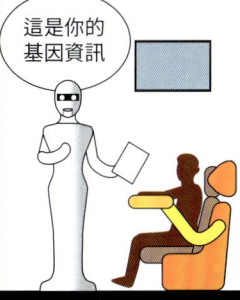

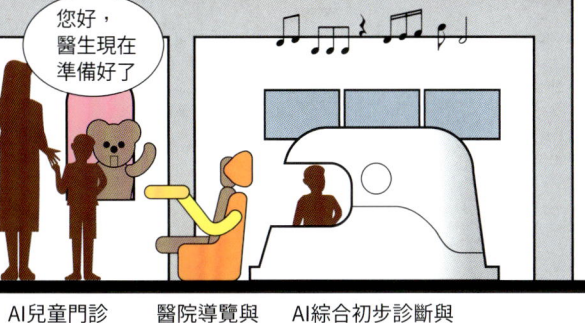

「這是你的基因資訊」

「接下來要做基因檢測」

「您好，醫生現在準備好了」

☆先生/小姐，醫生正在等候您……

- 報到終端機
- AI兒童門診接待機器人
- 醫院導覽與搬運機器人
- AI綜合初步診斷與檢查機器人

在AI影響下轉型的工作

47

Part 3 在AI影響下轉型的工作 ④

醫療②

AI將整合個人醫療、地區醫療與先進醫療服務

居家或偏遠地區也能獲得完善的醫療

2025年，約800萬人的戰後嬰兒潮一代，將成為75歲以上的後期高齡者，意味著超高齡社會即將來臨——。「2025年問題」讓當前日本的醫療現場動盪不安，不僅扶持高齡者的年輕世代減少，醫療現場也陷入長期人力不足的困境，加上優秀人才往都市聚集，地區醫療也開始出現落差。為了解決這項問題，AI應用成為了眾所矚目的解決方案。

正如前面所述，雖然部分醫院已經開始推動AI化，但終究只是個別案例，整體並沒有太大進展。未來期待的是透過巨大網路，將大型醫院、開業醫師、地方社區，甚至與個人連結起來，共同分享醫療資訊，讓人們無論身在何處都能獲得先進的醫療服務。

日本厚生勞動省也正在研議，將AI引進醫療保健領域，希望盡早應用在對癌症有實際療效的基因治療中，並期望AI解析基因後，能在短時間內找出致病的基因，根據患者的情況對症下藥，實現更細緻的個人化醫療。

另外，應用深度學習的影像診斷輔助系統，可以在短時間內縮小病名的範圍，尤其在專科醫生不足的離島或偏遠地區，有望發揮很大的作用。

若是獨居生活者，則可以透過穿戴式裝置（戴在身上使用的資訊設備）或智慧型手機，將健康資訊或影像傳送到AI進行解析，可以有效地守護居家病患並提供遠距指導。

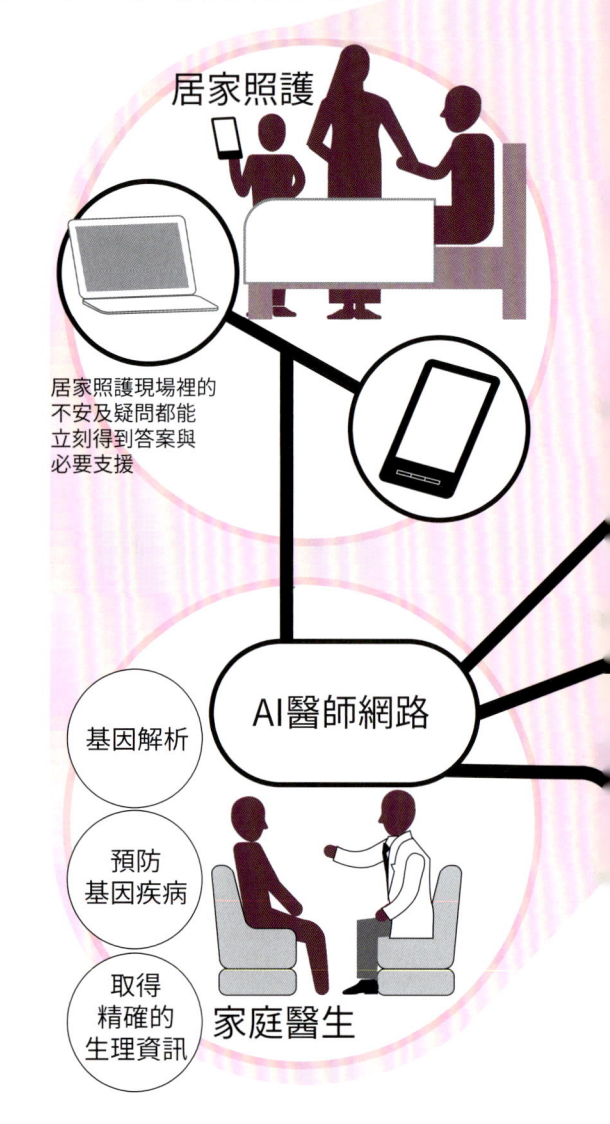

將這些系統透過網路連結，實現醫療資訊整合，不僅能促進良好的健康管理，還能進一步解析蒐集到的大量醫療資訊，期待在未來開發出新的療法及醫療用藥。

居家照護

居家照護現場裡的不安及疑問都能立刻得到答案與必要支援

AI醫師網路

基因解析

預防基因疾病

取得精確的生理資訊

家庭醫生

照護設施
提供照護設施人員準確的醫療資訊、照護指南及所需支援

先進醫療研究

- 開發自體免疫相關藥物
- 開發人體基因編輯治療藥物
- 腸道細菌醫療
- 幹細胞再生醫療
- 3D列印器官
- 開放醫療相關大數據
- 自體再生醫療研究
- 器官移植替代技術
- 開發癌症疫苗

AI醫療資訊的資料探勘&輔助開發研究的雲端系統

地方社區

AI診斷輔助系統進行遠端治療

穿戴式裝置應用

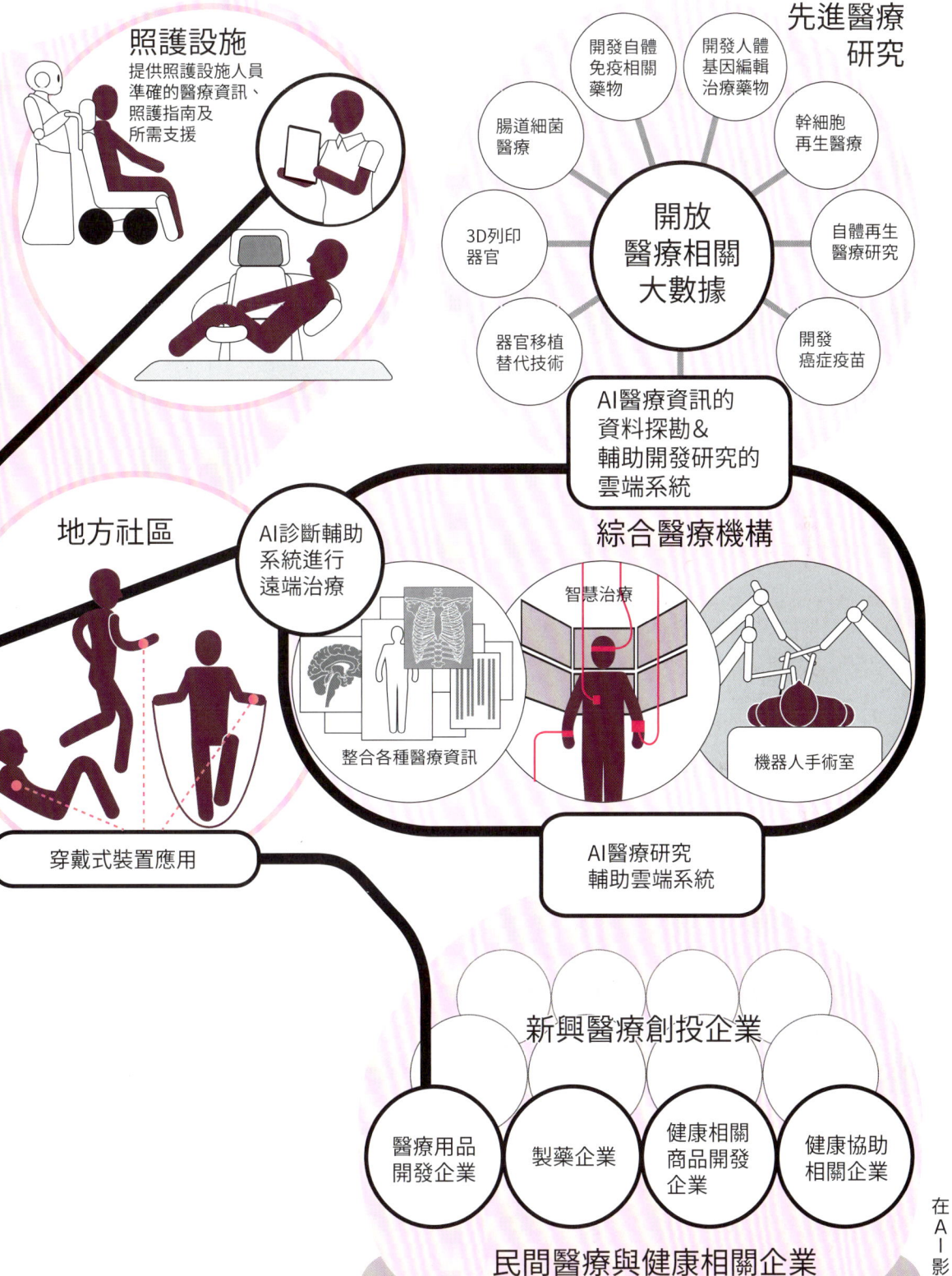

綜合醫療機構

- 整合各種醫療資訊
- 智慧治療
- 機器人手術室

AI醫療研究輔助雲端系統

新興醫療創投企業

- 醫療用品開發企業
- 製藥企業
- 健康相關商品開發企業
- 健康協助相關企業

民間醫療與健康相關企業

在AI影響下轉型的工作

49

Part 3 在AI影響下轉型的工作 ⑤

金融
AI與金融業的高度契合，提升了業務效率與顧客滿意度

● 處理數字的金融業是IT的強項

銀行、證券公司等金融業，是普遍認為最容易受到AI影響的產業。

金融業主要進行個人或企業所持有的帳戶支付業務，像是A先生在A銀行的帳戶資金，轉移到B小姐的B銀行帳戶，C公司在C銀行的帳戶資金，轉移到美國的D公司的D銀行帳戶，這種資金轉移稱為「支付」。轉移時僅僅是帳戶記載的數字會變動，雖然過程有利息、手續費以及匯率等各種因素，但基本上做的事情都是計算數字，這也正好是電腦最擅長的事情。

金融與最新的資訊技術非常契合，結合金融（Finance）與技術（Technology）誕生的新事業與服務稱為「金融科技（FinTech）」，舉身邊的例子來說，像是透過電腦或智慧型手機進行匯款或確認款項的網路銀行，也是屬於金融科技的一種，而加速金融科技領域發展的正是AI的應用。

● 融資審查與資產運用都由AI來處理

舉例來說，關於金融商品或各種服務諮詢，可以交由AI聊天機器人處理，使用者可以24小時隨時隨地與AI進行輕鬆的對談，金融機構也可以減少臨櫃或電話詢問的次數，降低窗口業務的負擔，這些都是AI的優點。

此外，個人或企業向金融機構申請融資（借錢）時，通常會需要提出書面資料，等待信用審查的結果，這項過程必須耗費數日才能完成，但如果由AI進行審查，短時間內就能完成，AI可以根據顧客過去的交易記錄來評估該顧客的還款能力，並在申請當天就給出審查結果。

近年，特別受到矚目的還有機器人顧問提供的AI投資服務，日本相較於歐美，有多數人會選擇將資產放入存款中，投入股票或證券相關的人並不多，這是因為大眾沒有選擇股票的概念，背負風險也會令人感到不安，去找金融機構詢問又很麻煩等各種理由。而能夠輔助這些金融新手的，正是機器人顧問，只要在智慧型手機

金融服務企業

投資顧問服務	AI在資產運用的世界大顯身手
精明基金經理人選擇的股票暴跌	AI選擇指數型基金 / 選擇投資的股票後，只需要等待結果
保險業	業務全部線上管理 / AI資產運用 / AI客戶管理
保險業務陷入繁忙	
證券業	

圖示內容

世界經濟基礎數據
即時股票、匯率、債權
企業業績　貿易
各產業資料

大型銀行、金融集團

- 金融企業集團 AI服務平台
- AI蒐集經濟資訊 統計並分析
- AI企業與事業分析 信用資料分析
- AI資產運用引擎
- AI資產運用顧問
- AI客訴專用服務
- AI ChatGPT 客製化服務

匯率與支付事業
- AI匯率與支付作業機器人
- 與時差賽跑的國際匯率交易

企業融資事業
- 調查顧客與企業的AI機器人
- 馬上就能完成
- 請稍候一段時間
- 必須要有營運資金

個人融資事業
- AI信用調查機器人
- 未通過
- 信用調查需要一點時間
- 這是住宅建設資金的其中一項

個人服務櫃台
- 櫃台業務機器人
- 卡片遺失了
- 我要解約

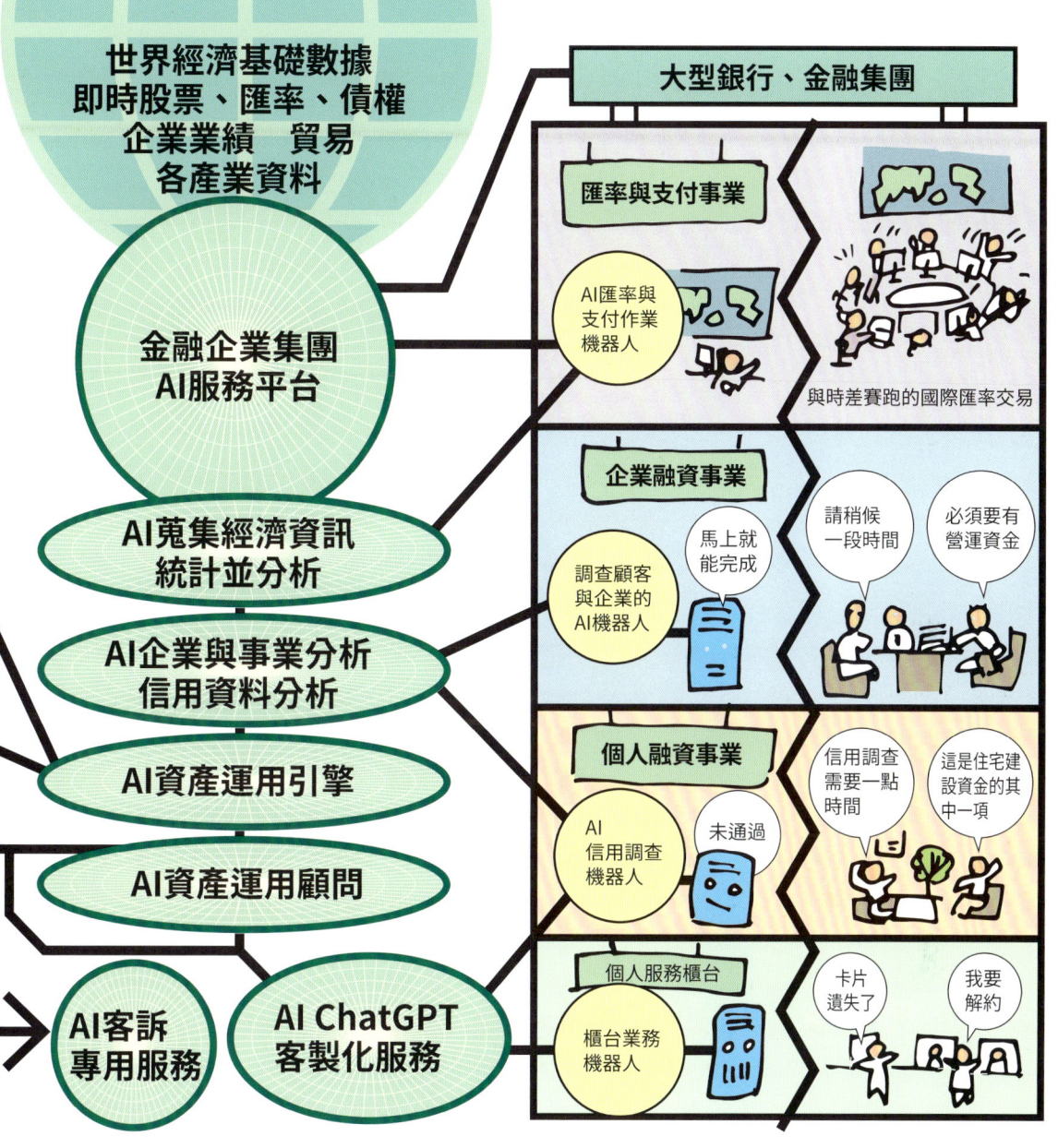

上回答簡單的問題，就能獲得適合自己的資產運用計畫，甚至還能委託AI進行。

AI打破了「資訊不對等」

金融原本就是一個需要專業知識與資訊的領域，對於一般人而言是既複雜又難以理解的領域。販賣金融商品的一方往往擁有豐富的知識，購買的一方卻不是很了解這些商品，這種雙方持有的資訊差距稱為「資訊不對等」，而AI的引進打破了資訊不對等的壁壘。如果讓沒有具備金融知識的人也能在AI的輔助下獲得各種金融服務，想必顧客的滿意度也會提升。

對於金融機構而言，引進AI也有提升作業效率與獲得新客戶的各種優點，但相反的，人類的一部分工作將會被AI給取代，人力縮減估計也難以避免。

Part 3 在AI影響下轉型的工作 ⑥

農業
引進AI系統後，農村的變化最為顯著？加速發展的智慧農業

準天頂衛星「Michibiki」
「Michibiki」是接近日本正上方軌道的定位衛星，過去難以確定位置的山間地區與都市地區，如今也能夠實現精準定位。第一顆衛星於2010年發射，目前以四顆衛星進行24小時運作，預計在2026年前實現七顆衛星共同運行的目標

日本北海道正透過「Michibiki」衛星提供的位置資訊，進行各種「IT農業」運用，其位置誤差僅在數公分以內

利用AI無人機管理農場
從上空得到農場的影像資料，即時把握作物的生長狀況與進行適當的作業

自動運轉曳引機
設定農務路線後，準確按照路徑於農場中行走，並依照指示進行農務，能夠根據區域適度施肥與噴灑農藥

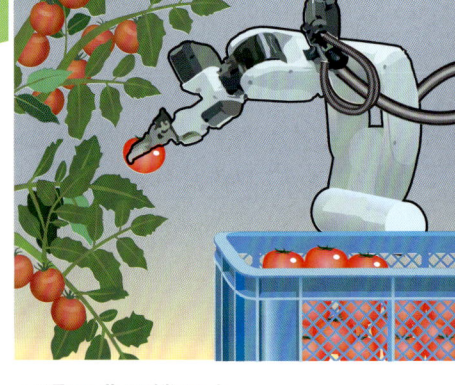

AI通用農務機器人
將仰賴人類作業的農務機械化，建構24小時制的作業環境，透過精密感測器判斷果實的熟成度與摘取時機

▍無人農機與擠乳機器人問世

令人意外的是，農業亦屬於目前正在積極引進AI技術的領域。儘管農業給人強烈的徒手作業印象，但大型農場很早就開始推動機械化，從廣闊農地的播種到收成都是由專用農業機械負責。

如今，農業機械正在朝完全自動運轉的方向發展，實現這項技術的關鍵是稱為GNSS（全球導航衛星系統）的衛星定位系統，美國的GPS就是其中之一。在美國，搭載AI與GPS接收器的自動運轉曳引機已經進入實用階段。

日本也有屬於自己的定位衛星「Michibiki」，在GPS因為障礙物無法接收時，可以透過「Michibiki」來補足訊號，取得更加穩定的位置資訊，藉此實現高精度的自動行駛功能，這項技術已經在北海道與全國各地投入實際應用。

除此之外，還有新的農業模式正陸續

都市型植物工廠

如垂直型水耕栽培工廠等設施，完全由AI管理的都市農業正在誕生

自動擠乳系統

日本也有引進旋轉式自動擠乳機，當牛隻進入擠乳室後，機器手臂會開始尋找乳頭自動擠乳，擠乳作業會在旋轉一圈的時間內完成，最後的乳頭消毒也是自動進行，還能夠依照牛群的個體標籤，在PC上進行健康管理

AI農業溫室

溫室不只能自動管理，還能夠將資深農民擁有的農業技術資料化，讓新手農民繼承

AI農業行銷

分析天候、收成、市場動向與消費者需求等，制定適當的行銷策略

比起人工擠乳，這種方式比較不會造成牛群壓力，同時還能增加擠乳量

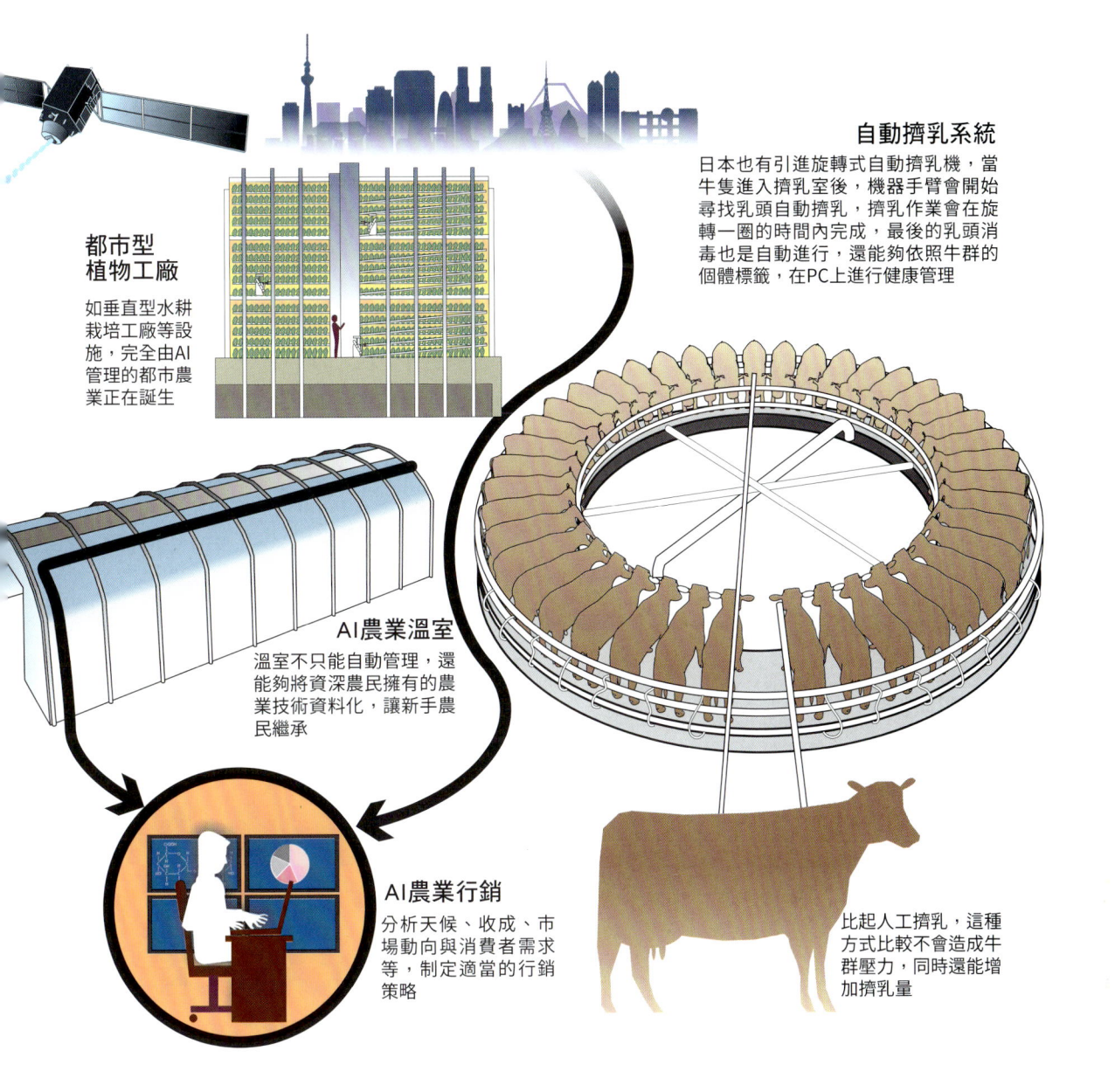

誕生，例如無人機農場管理、AI妥善管理的智慧溫室、都市型植物工廠，以及進行收穫和篩選的機器人等等。

酪農也不例外，以往的酪農因為要面對生物，必須進行全年無休的繁重勞動，但如今有了監視攝影機，可以24小時監控畜舍，並且透過自動餵食器於固定時間提供飼料。現在甚至還有專為乳牛設計的AI擠乳系統，有了這項系統，就能實現半自動或自動擠乳，不再需要人類帶著擠乳器在牛舍裡來回奔走，而且還能透過安裝在牛隻身上的個體標籤進行健康管理。

農業領域急於引進AI的背後，潛藏著全球性的問題，例如全球人口增加導致的糧食短缺，以及氣候變遷對農業的衝擊等等，加上日本的經營者逐漸邁向高齡，後續接班人嚴重不足。不過另一方面，來自都市的新農民並不算少數，對年輕世代來說，使用電腦或智慧型手機操作的AI農業會更容易上手，不僅能彌補經驗上的不足，也有望解決接班人短缺的問題。

在AI影響下轉型的工作

53

Part 3 在AI影響下轉型的工作 7

土木、建築

AI自動化與機器人，解決建設現場人力不足與技術斷層問題

AI無人機空拍測量 ── 可大幅縮減航空測量的時間與費用

工地現場不見人影？

建設機械發出響亮的聲音，起重機也默默地運作，現場卻看不到戴著安全帽的熟悉身影。或許再過幾年，日本全國的工地現場都會是這種景象。

測量現場只有無人機低空飛行，上面配備的高精度相機所拍攝的影像，會經由AI影像處理系統轉換為3D的地形數據，並直接連結到CAD設計資料。以往需要耗費大量成本的飛機航空測量，將被無人機低成本的高精度3D測量所取代，並成為未來的常態。

在自動控制的無人機上裝設攝影鏡頭，從低空拍攝高解析度航空照片。日本的國土交通省，為提升建設現場的生產力，推動了「i-Construction」計畫，期望無人機測量也能在這項計畫中普及

在土木工程現場，這些3D資料也能讓AI大顯身手。工地裡熟悉的建設機械照常進行挖土、開洞與整地的工作，但與過往不同的是，重型機械上看不到人類的身影，這些建設機械都在AI的自動操作下，完成不亞於資深操作員的精密土木作業，實現這一切的關鍵在於準確的位置資訊，以及將資深操作員技術AI化的程式，人類的工作只剩下事先設定機械動作並進行運作管理。

將測量的影像資料無縫地應用在3D地形圖製作

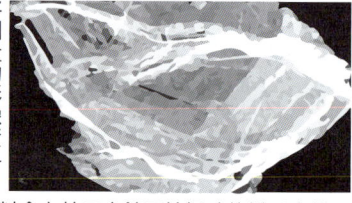

拍攝資料會在校正完鏡頭拍攝時的變形之後，透過專用的影像解析系統轉換成三維資料，並應用於建設設計所使用的GIS或CAD系統

接著來到建設工程開工的時刻，這裡同樣看不到太多工作的人影，取而代之的是陌生的機器人來回穿梭，以往的大樓建設現場，建材的搬運與放置都是需要大量人手的勞力工作，而輕鬆完成這項工作的是配備AI的搬運機器人，它們一邊避開障礙物與其他機器人，將起重機陸續搬運過來的建材送往作業現場。

接收這些建材、將其焊接並用鉚釘固定天花板的同樣是工程機器人，它們憑藉日本在工業通用機器人技術中培養出的AI手臂控制功能，靈活地執行工作，推動工程進行。

這裡描繪的工程現場絕對不是什麼未來景象，而是大型建設公司已經投入應用的技術，驗證實驗不僅已經完成，還得到

AI自動土木建設機械

鹿島建設開發的自動建設機械已宣布進入實用階段，希望能透過自動控制的建設機械，解決長期人力不足與資深技術人員的技術斷層問題，這些機械與以往的遠端操作不同，是將作業路徑與作業項目編寫為程式後，由負責人在平板電腦上進行管理

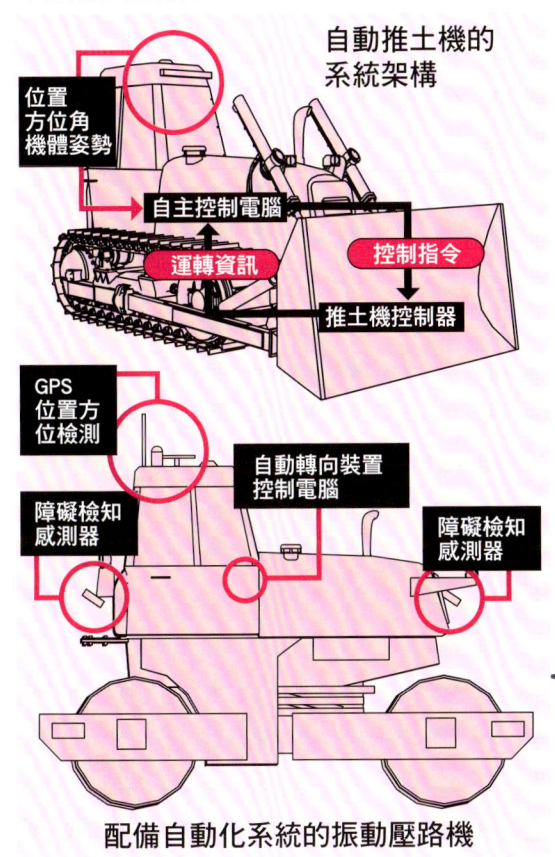

自動推土機的系統架構

- 位置
- 方位角
- 機體姿勢
- 自主控制電腦
- 運轉資訊
- 控制指令
- 推土機控制器

配備自動化系統的振動壓路機

- GPS位置方位檢測
- 自動轉向裝置控制電腦
- 障礙檢知感測器
- 障礙檢知感測器

超乎預期的成果。高齡的資深作業員，他們的技術將會傳承給配備AI的建設機器人，這種作法不僅讓技術得以延續，同時解決了作業員嚴重不足的問題。

AI自主型建築機器人

清水建設的目標是打造「能夠在現場像夥伴（Buddy）一樣工作的機器人」，並開發一套將建築3D模型與AI自主型機器人聯動的系統「Shimizu Smart Site」，目前已經開始運作

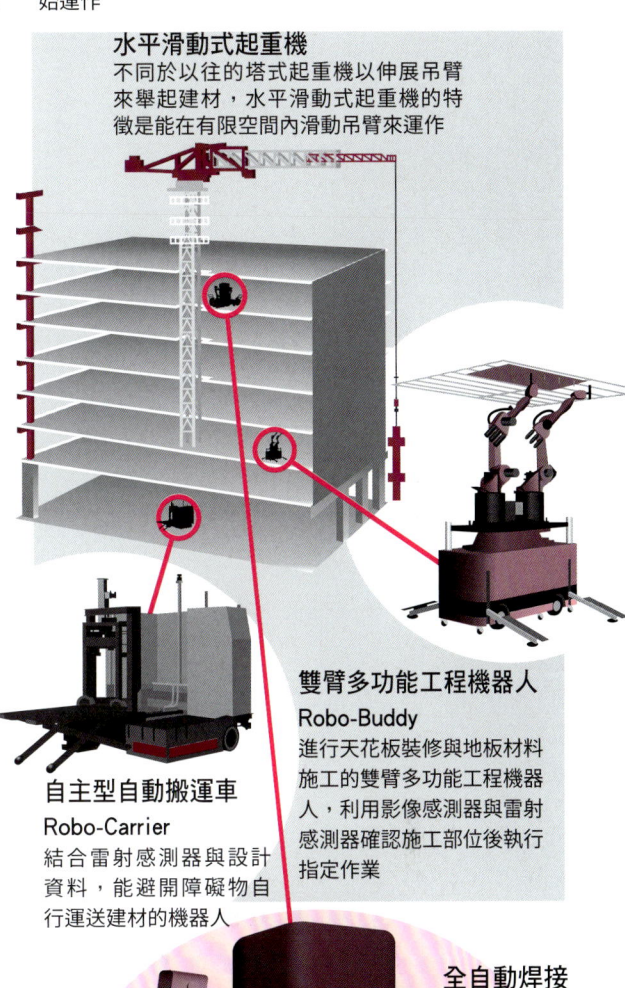

水平滑動式起重機
不同於以往的塔式起重機以伸展吊臂來舉起建材，水平滑動式起重機的特徵是能在有限空間內滑動吊臂來運作

自主型自動搬運車 Robo-Carrier
結合雷射感測器與設計資料，能避開障礙物自行運送建材的機器人

雙臂多功能工程機器人 Robo-Buddy
進行天花板裝修與地板材料施工的雙臂多功能工程機器人，利用影像感測器與雷射感測器確認施工部位後執行指定作業

全自動焊接機器人 Robo-Welder
清水建設與大阪大學共同開發的自主型焊接機器人，不需要操作人員，能自行移動到指定位置，透過雷射形狀檢測來確認焊接位置，並使用6軸手臂進行焊接作業

在AI影響下轉型的工作

Part 3 在AI影響下轉型的工作 ⑧

AI工廠

工業用機器人普及化，智慧工廠浪潮勢不可擋

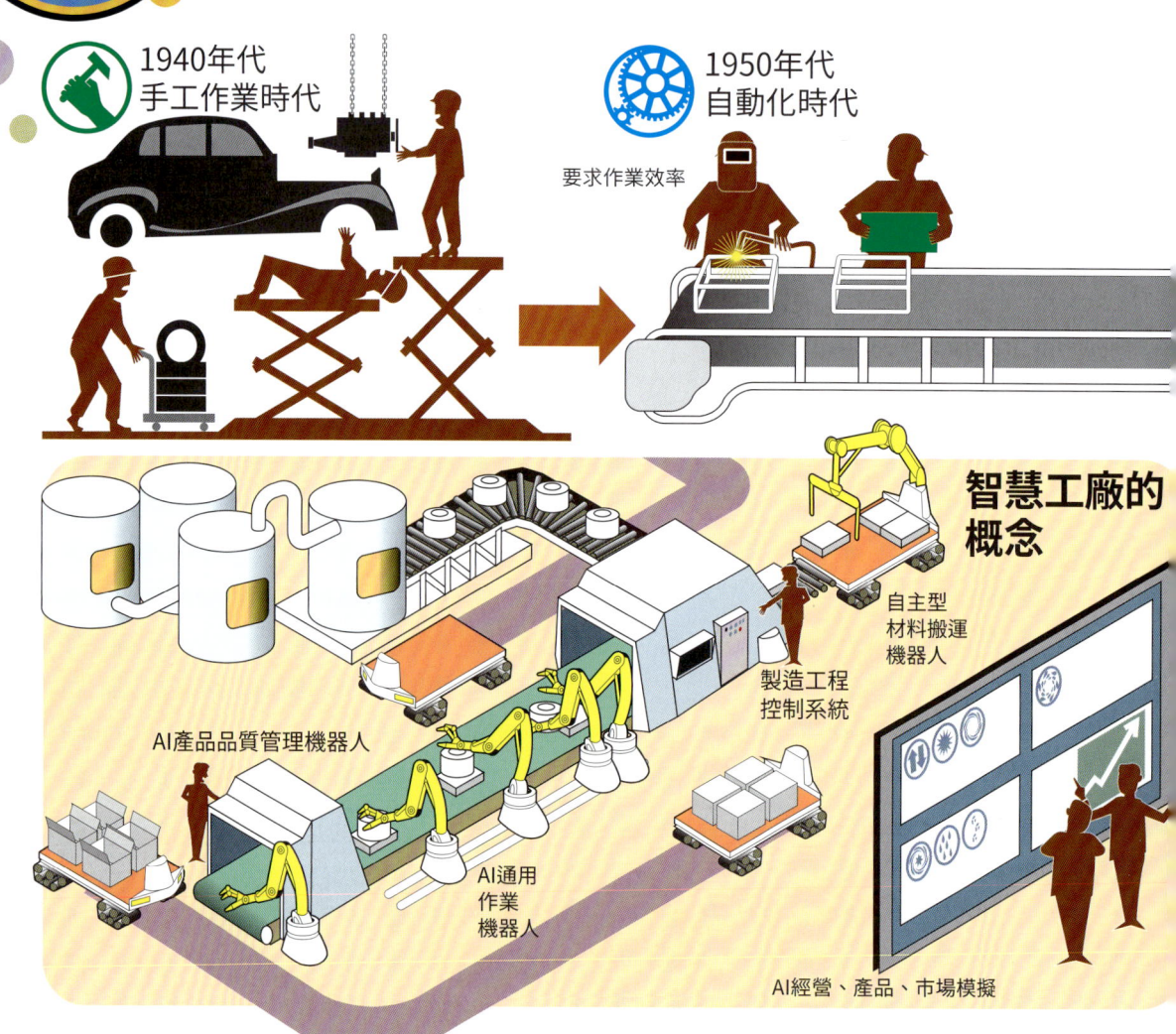

1940年代 手工作業時代

1950年代 自動化時代
要求作業效率

智慧工廠的概念

- 自主型材料搬運機器人
- 製造工程控制系統
- AI產品品質管理機器人
- AI通用作業機器人
- AI經營、產品、市場模擬

日本所追求的完全自動化工廠

試著想像20年後，身為製造業大國的日本會變成什麼模樣？在完全AI化的工廠，不僅沒有半個人類在場，甚至連負責工作的機器人也不存在，因為整座工廠本身就是一台運作中的機器人，從產品設計到零件製造，從組裝到調整與出貨，全都由一套AI系統負責管理營運。這座AI工廠會從大數據裡掌握消費者的需求，立即開發產品並調動產線進行生產，由AI主導更換設備與追加運轉的智慧工廠，正是AI機器人工廠的最終型態。

如果完全自動化工廠於2040年開始運轉，代表人類首次在機械工廠製作產品之後，只花了短短100年就達到工廠的最終型態。1936年，卓別林曾經在電影《摩登時代》中，以黑色喜劇的方式，描繪近代社會的人類淪為工廠齒輪，疏遠人際關係的現象。此時的卓別林大概不曾想過，未

1960年代
工業用機器人登場
美國為了危險作業開發的工業用機器人，內建電晶體電路

1970年代
日本進入工業用機器人熱潮
多關節機器人誕生，內建IC晶片

將人類的單一功能機械化

倒入鑄鐵熔湯

而現在
配備AI的機器人誕生
內建弱人工智慧

2000年代
可編程多功能機器人登場
人類輔助作業，機器人負責組裝
仍需要人類在場

1980年代
機器人工廠誕生
單一功能機器人投入實際應用。汽車工廠投入局部塗裝機器人
內建單晶片

由人類遠端操作

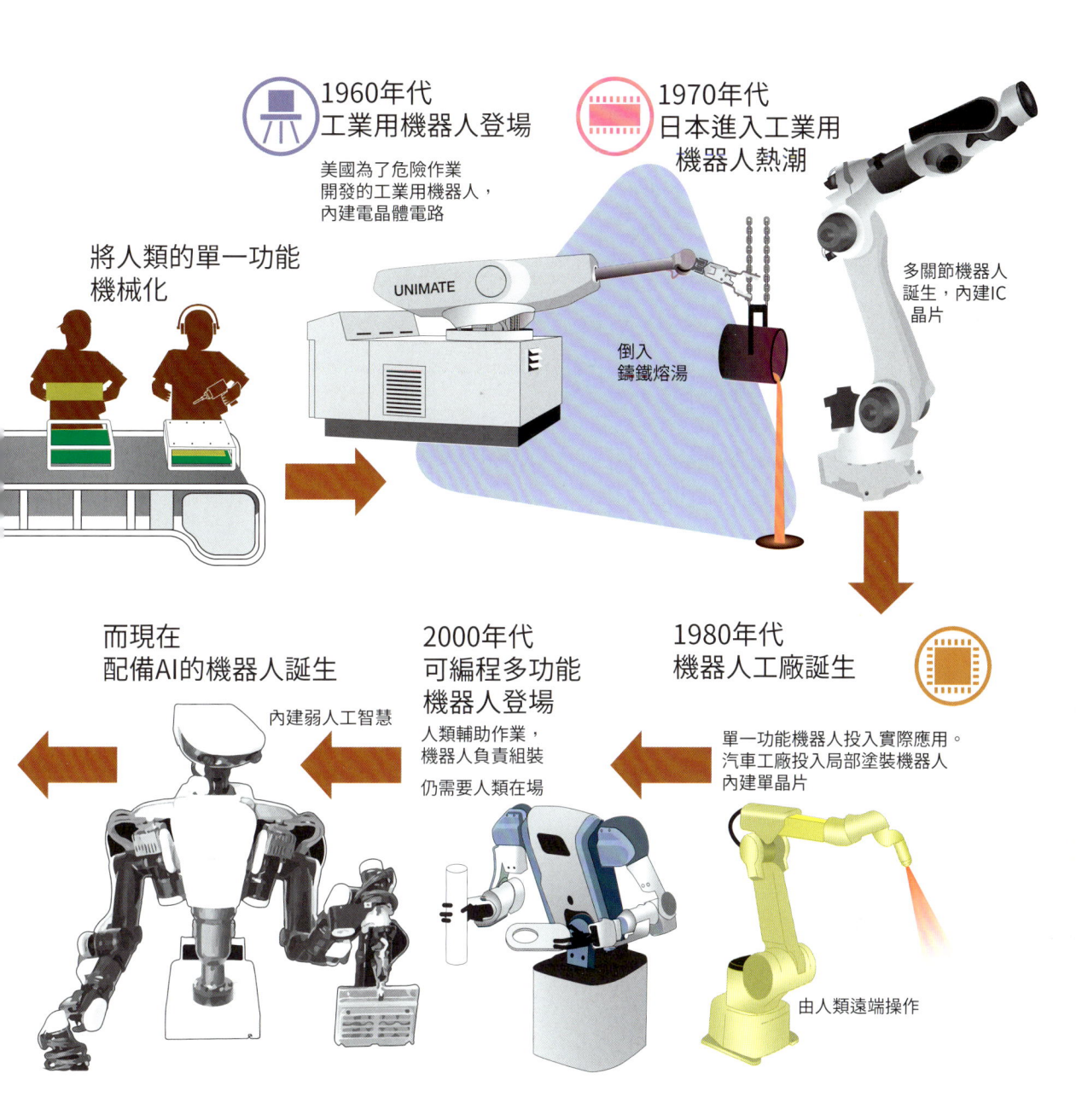

來的工廠已經不存在人類了吧。

在這100年裡，日本的製造工廠經歷了三波變革的浪潮，首先是日本作為戰敗國，擁有充足的年輕勞動力，成為了先進國家的工廠，開始朝向自動化（Automation）邁進。

第二波浪潮是工業用機器人誕生，那是一個人們會為機器人取暱稱的純樸時代，日本的製造業也是在這裡站上世界的頂端。

第三波浪潮是工廠轉移海外，為了廉價的人力成本，日本將製造工廠轉移到中國與東南亞等新興國家。

而如今正在發生的是第四波浪潮——工廠智慧化。隨著新興國家的經濟成長，人事成本不斷攀升，日本決定將生產遷回國內已經機器人化的工廠，藉此提升生產效率，而推動這一連串變化的核心動力正是急速發展的AI，這裡正是各項技術革新匯流的起點。

在AI影響下轉型的工作

57

Part 3 在AI影響下轉型的工作 9

物流

物流產業AI化，改善3K問題促進產業結構轉型

● 透過倉庫機器人與自駕駛貨車精簡人力需求

物流的工作，不僅僅是將物品從生產端運送到消費者手上，過程還包含倉儲管理、捆綁包裹以及裝載貨車等一連串的作業，其中每一項都需要耗費大量的人力。然而，近年來網路購物等電商（電子商務，E-Commerce，簡稱EC）交易的市場擴大後，物流需求也隨之增加，人力不足與過勞問題日益嚴重，人們開始期待引進AI來減少人力需求。

在倉庫作業中已經有引進機器人並成功減輕人力負擔的案例，例如在大量庫存挑選商品的揀貨作業，以及貨物出倉的搬運作業等。物流需要處理的貨物大小以及送達地點各不相同，因此普遍認為機械化有一定的難度，然而在深度學習技術的推動下，已經開發出能夠自動辨別貨物種類、處理注意事項以及髒汙破損等影像辨識系統。

此外，運送方面也正在討論運用自動駕駛貨車、自動駕駛貨船以及無人機等方式來提升效率。

● 帶動整個產業合作的物流革命

在物流業現況投下震撼彈的是美國最大的電商平台亞馬遜。亞馬遜不僅收購機器人製造商來佈署倉庫機器人，還自備貨車、貨船與貨運飛機，甚至著手進行無人機的宅配服務，建構獨立的物流系統，威脅現有的物流公司，迫使產業結構轉型。

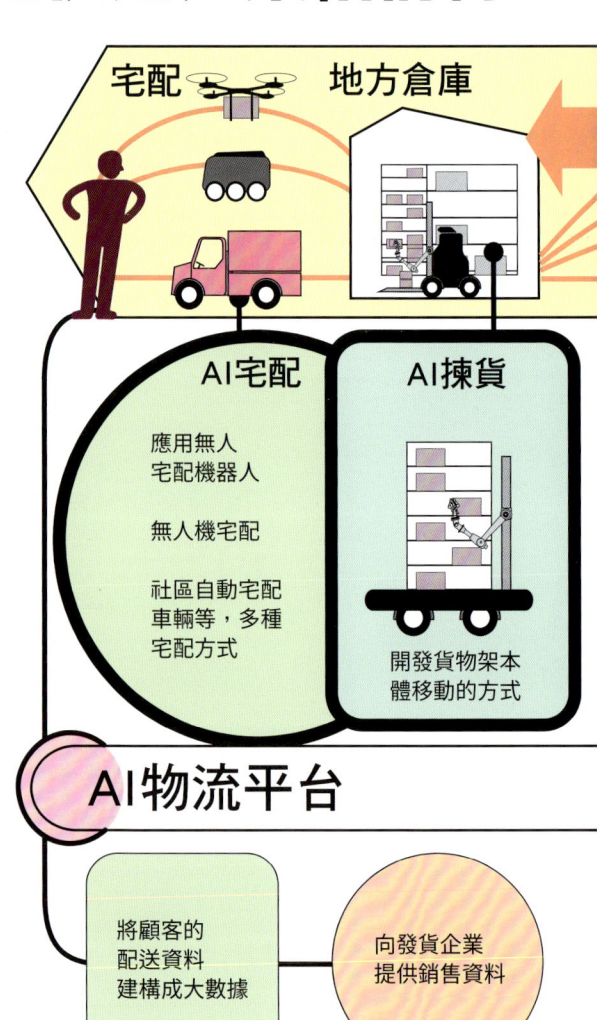

日本國土交通省，為了建構能應對社會變化與今後課題的「強韌物流體系」，在2017年7月發表了新的綜合物流政策綱領，其中一項核心就是前面提到的，透過引進AI來減少人力需求，另外一項則是提高生產到配送供應鏈的整體效率。

運送　入庫　揀貨　集結貨物

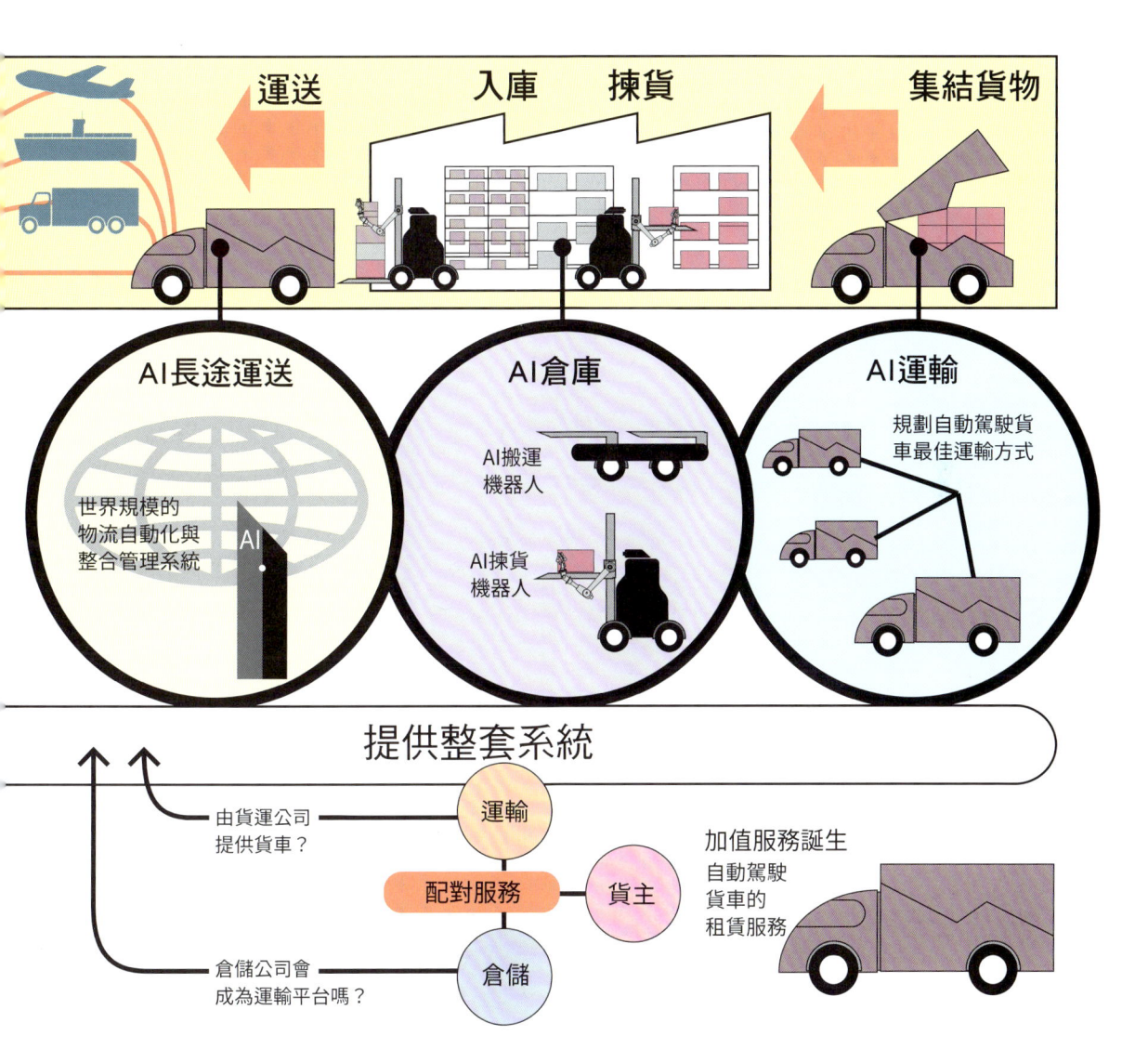

AI長途運送
世界規模的物流自動化與整合管理系統

AI倉庫
AI搬運機器人
AI揀貨機器人

AI運輸
規劃自動駕駛貨車最佳運輸方式

提供整套系統

由貨運公司提供貨車？ ── 運輸
配對服務 ── 貨主
倉儲公司會成為運輸平台嗎？ ── 倉儲

加值服務誕生
自動駕駛貨車的租賃服務

　　例如，將以往沒有固定格式的送貨單標準化，使其能在業者之間流通，並根據共享的資料，選擇適合的運送方式，AI的應用也有望促進業者之間的合作。

　　此外，隨著貨運公司推出的自動駕駛租賃服務，與倉儲公司提供的倉儲機器人，這些新技術中也蘊含催生新型服務的潛力。

　　AI的應用讓人類得以從3K（辛苦、骯髒、危險的勞動）中解放出來，同時也讓物流這項國家的重要基礎建設逐漸掀起一場「革命」。

在AI影響下轉型的工作

59

服務業
透過AI解決餐飲、零售等接待服務業人力不足與排隊問題

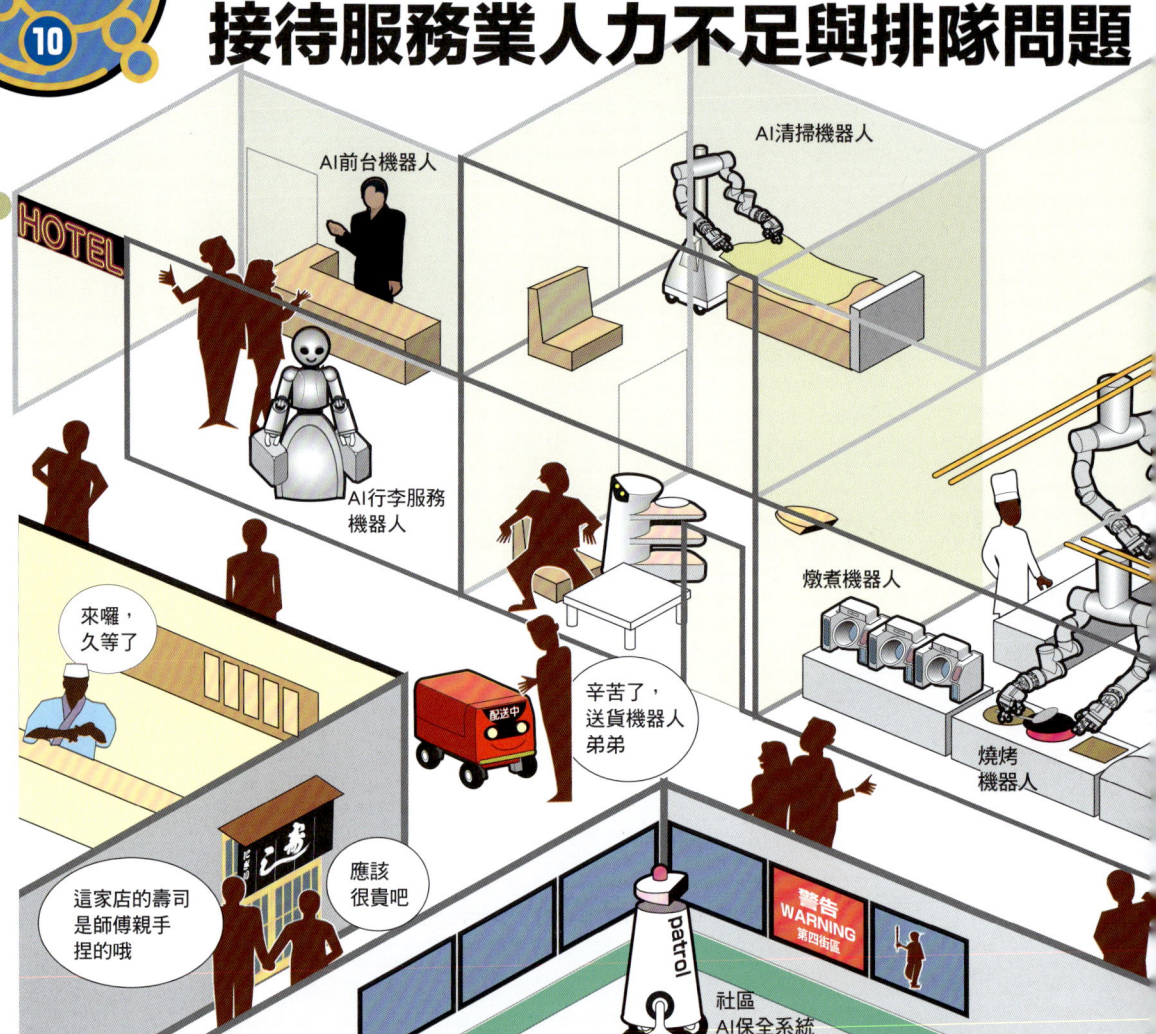

Part 3 在AI影響下轉型的工作 ⑩

AI前台機器人
AI清掃機器人
AI行李服務機器人
來囉，久等了
辛苦了，送貨機器人弟弟
燉煮機器人
燒烤機器人
這家店的壽司是師傅親手捏的哦
應該很貴吧
patrol
警告 WARNING 第四街區
社區AI保全系統

連收銀台都不存在的無人商店登場

「歡迎光臨」，走進餐廳，一台類人型機器人前來迎接。在它胸前的觸控螢幕輸入用餐人數與希望的座位類型，機器人便帶領我們前往座位，點餐也同樣在座位的觸控螢幕上進行，廚房在接收到訂單後，由烹飪機器人負責製作餐點，完成後再由送餐機器人送至桌邊，用餐結束後，再前往無人收銀機結帳……。

像這樣的AI餐廳，正逐漸成為現實。

餐飲、零售、住宿等接待服務業，一直被認為是難以實現自動化的領域，然而，隨著現在服務業人力嚴重短缺，想藉由機器人與AI減輕人力負擔的趨勢越來越明顯，加上新冠疫情推動的非接觸式服務，從觸控式接待、點餐，到負責簡單調理與送餐機器人等，一部分的作業流程已經逐漸邁向自動化。

自助結帳系統正逐漸在超市、超商、零售等場所普及，顧客只需讓無人收銀機讀取商品上的IC標籤便可自行結帳，緩解

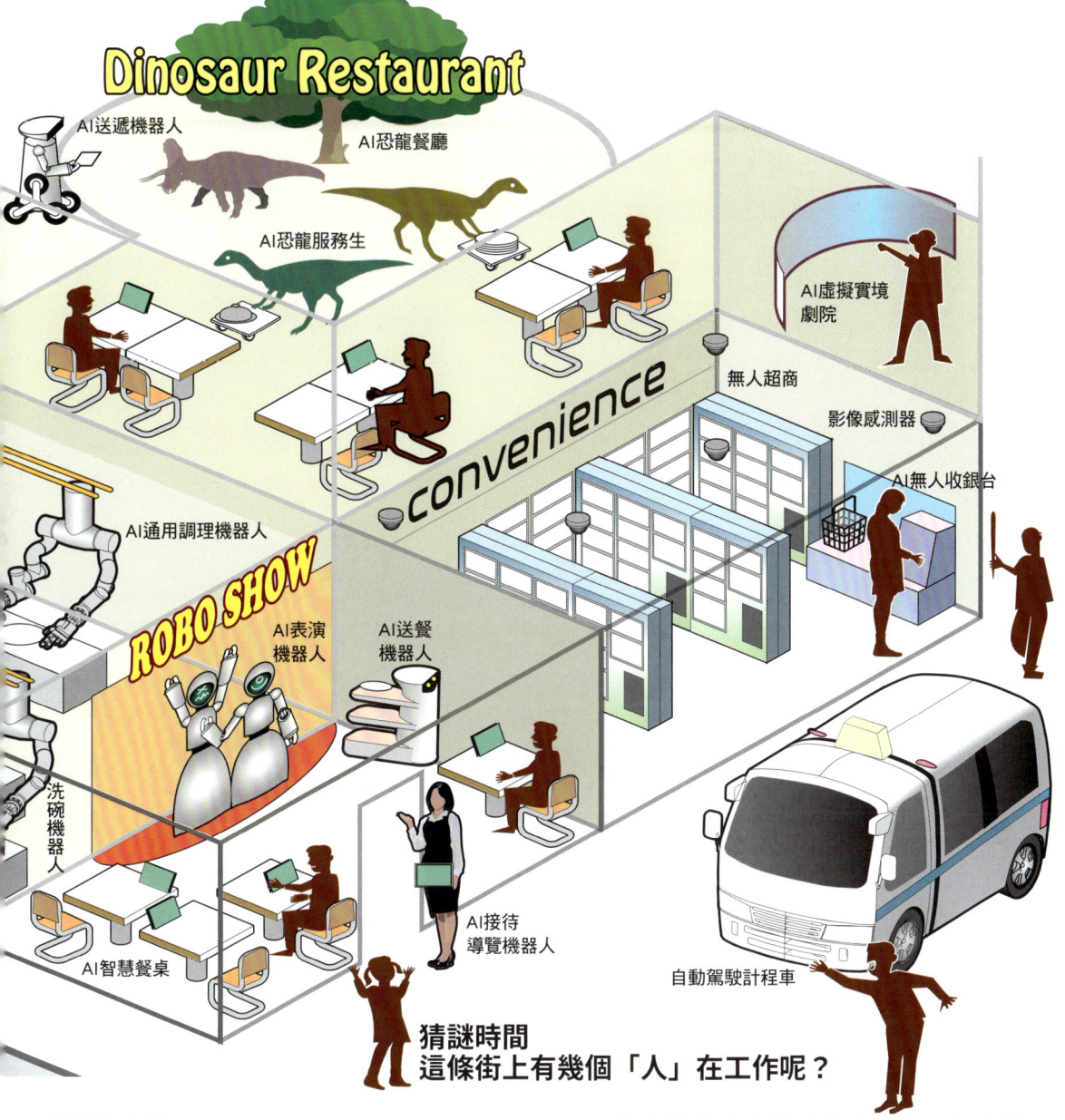

Dinosaur Restaurant

- AI送遞機器人
- AI恐龍餐廳
- AI恐龍服務生
- AI虛擬實境劇院
- 無人超商
- 影像感測器
- AI無人收銀台
- AI通用調理機器人
- AI表演機器人
- AI送餐機器人
- 洗碗機器人
- AI智慧餐桌
- AI接待導覽機器人
- 自動駕駛計程車

猜謎時間
這條街上有幾個「人」在工作呢？

排隊的人潮。

　　美國亞馬遜公司更率先推出「Amazon Go」的無人連鎖商店，進入商店後，只需透過手機的專屬應用程式進行畫面認證，就可以直接帶著商品離開，系統會透過影像解析系統、感測器與深度學習等技術，追蹤顧客購買的商品，自動在亞馬遜帳號上結算。然而，因為有許多人對新系統感到困惑，所以不得不重新進行調整，例如配置人力協助，讓沒有專屬應用程式的人也能購買等問題。

　　日本雖然也有推出無人商店，但多數商店仍會在後場配置人員，並不是完全無人的狀態。在服務業的生態裡，或許將工作劃分為兩類是比較理想的模式，例如能夠標準化的工作交由AI去進行，而需要以顧客為本、靈活應對的工作則仍交由人類來負責。

在AI影響下轉型的工作

Part 3 在AI影響下轉型的工作 ⑪

商品開發

新商品開發部門引進AI，將會發生什麼樣的變化？

把AI當作助手，人類則專注於重要決策

A子小姐在某家食品公司的商品企劃開發部任職，有一天，她的部門突然收到總經理的指示，要在一個月內提出劃時代新商品的企劃，這在競爭激烈的業界是常有的事。

過去遇到這種情況時，總是匆忙地開始蒐集與商品開發有關的資料，總覺得裡面藏有新靈感的線索，既不敢鬆懈又看不到盡頭，是一項相當耗神的工作。但現在的A子小姐卻相當從容，她在桌上型電腦的AI應用程式裡，輸入以下的提示語。

「你是一個優秀的資料蒐集達人，請

1 蒐集新商品開發所需的資料很辛苦

> 花了整整一個月也做不完

這正是AI擅長的工作

讓AI來試試看

「你是一個優秀的資料蒐集達人，請蒐集關於開發○○新商品的參考資料」

10分鐘蒐集到的資料

- 相關技術專利資訊
- 相關市場資料
- 相似商品的市場動向
- 相關市場趨勢報導
- 消費者評價
- 海外相關報導翻譯
- 競爭企業的業績資料

> 哇─!!

2 分析資料，擬定新商品的開發策略，然而會議並沒有達成共識

這也是AI的拿手絕活

「你是個優秀的商品企劃員工，請分析資料並策劃10個新商品的開發策略」

AI小幫手 → 花了5分鐘提出這些方案

> 還不錯嘛

> 幫我整理了腦袋裡的思緒

62

在○○商品業界，蒐集開發新商品的必要資訊」，接著她便走去茶水間泡杯咖啡。回到座位一看，以往需要花費一個月才能蒐集到的大量優質資料已經蒐集完成。

過去要詳讀與分析這些資料，並從裡面找出新商品靈感也是一件相當辛苦的工作，要持續不知道多少天，動員全體員工參加得不到結論的會議，如今這項工作也變得很簡單，AI很快就提出10個可能成為新商品的開發提案，接著再讓團隊成員從整理過的候補名單，冷靜挑選出最有希望的點子。

對A子小姐來說，AI相當於10位優秀的部下，它替人類分擔了耗時又費力的工作，讓A子小姐能夠放下雜務，專注在最重要的決策上。

這位優秀的部下，甚至為A子小姐製作要提交給總經理的簡報，並利用清晰的視覺資料來呈現內容，讓A子小姐在充滿自信的簡報中獲得總經理的掌聲。

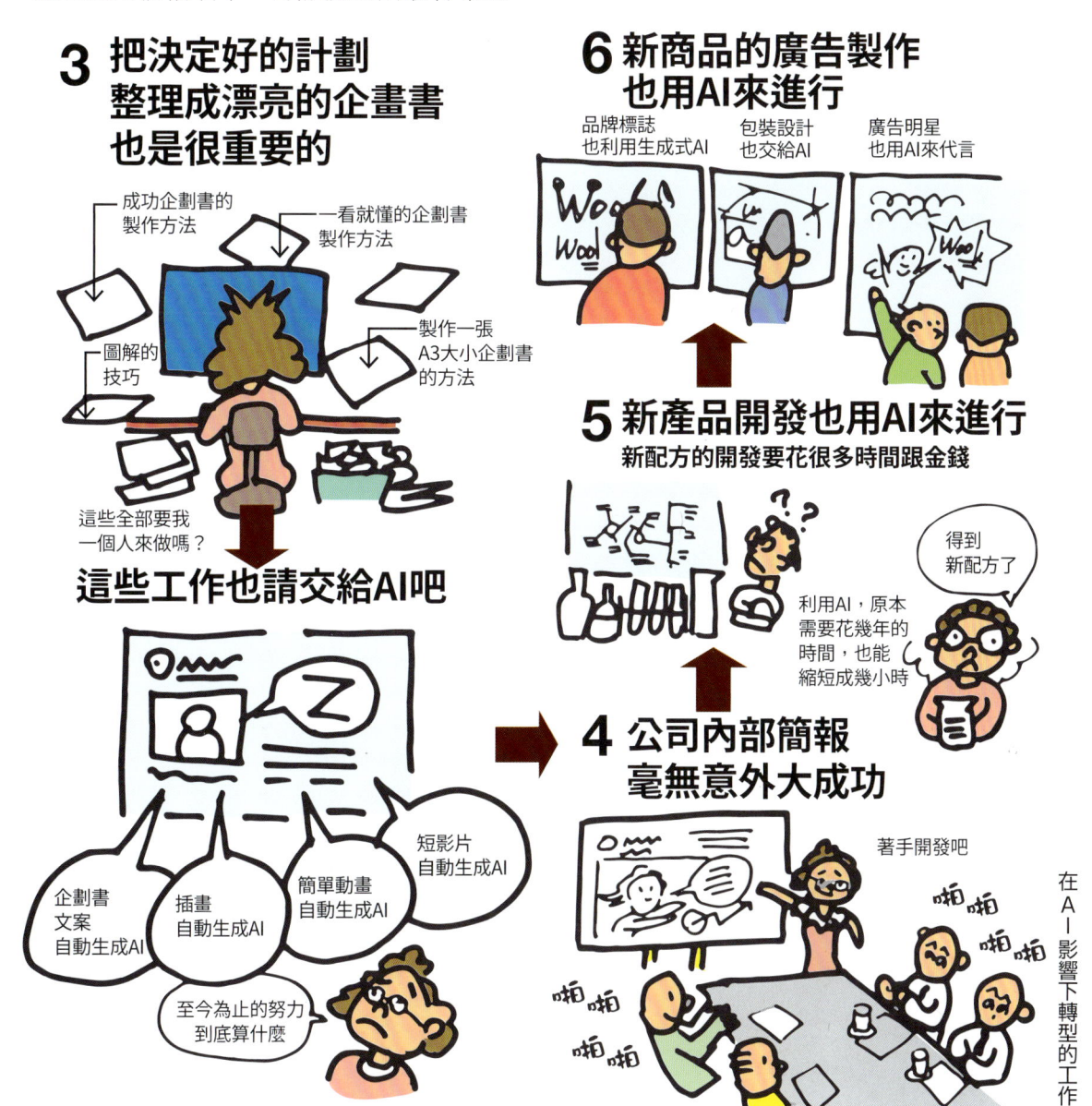

3 把決定好的計劃整理成漂亮的企畫書也是很重要的

- 成功企畫書的製作方法
- 一看就懂的企畫書製作方法
- 圖解的技巧
- 製作一張A3大小企畫書的方法

這些全部要我一個人來做嗎？

這些工作也請交給AI吧

- 企劃書文案自動生成AI
- 插畫自動生成AI
- 簡單動畫自動生成AI
- 短影片自動生成AI
- 至今為止的努力到底算什麼

6 新商品的廣告製作也用AI來進行

- 品牌標誌也利用生成式AI
- 包裝設計也交給AI
- 廣告明星也用AI來代言

5 新產品開發也用AI來進行
新配方的開發要花很多時間跟金錢

利用AI，原本需要花幾年的時間，也能縮短成幾小時

得到新配方了

4 公司內部簡報毫無意外大成功

著手開發吧

啪啪啪啪啪啪

在AI影響下轉型的工作

63

創意產業

Part 3 在AI影響下轉型的工作 12

創意產業在生成式AI的衝擊下必須面對的變化

生成式 AI 是威脅還是福音？

十年前人們普遍認為，在眾多工作中唯有創意產業是AI無法涉足的領域，然而，生成式AI徹底顛覆這種想法，透過學習大量資料的生成式AI，即使是沒有技術或經驗的普通人，也能創作出文章、插圖、影像、影片與音樂等內容，這對創意產業造成很大的衝擊。

生成式AI對已經憑藉獨特風格建立市場地位的創作者而言影響或許不大，甚至可能在生成式AI的幫忙下開創新的領域，

生成式AI出現後，創意產業普遍發生的情況

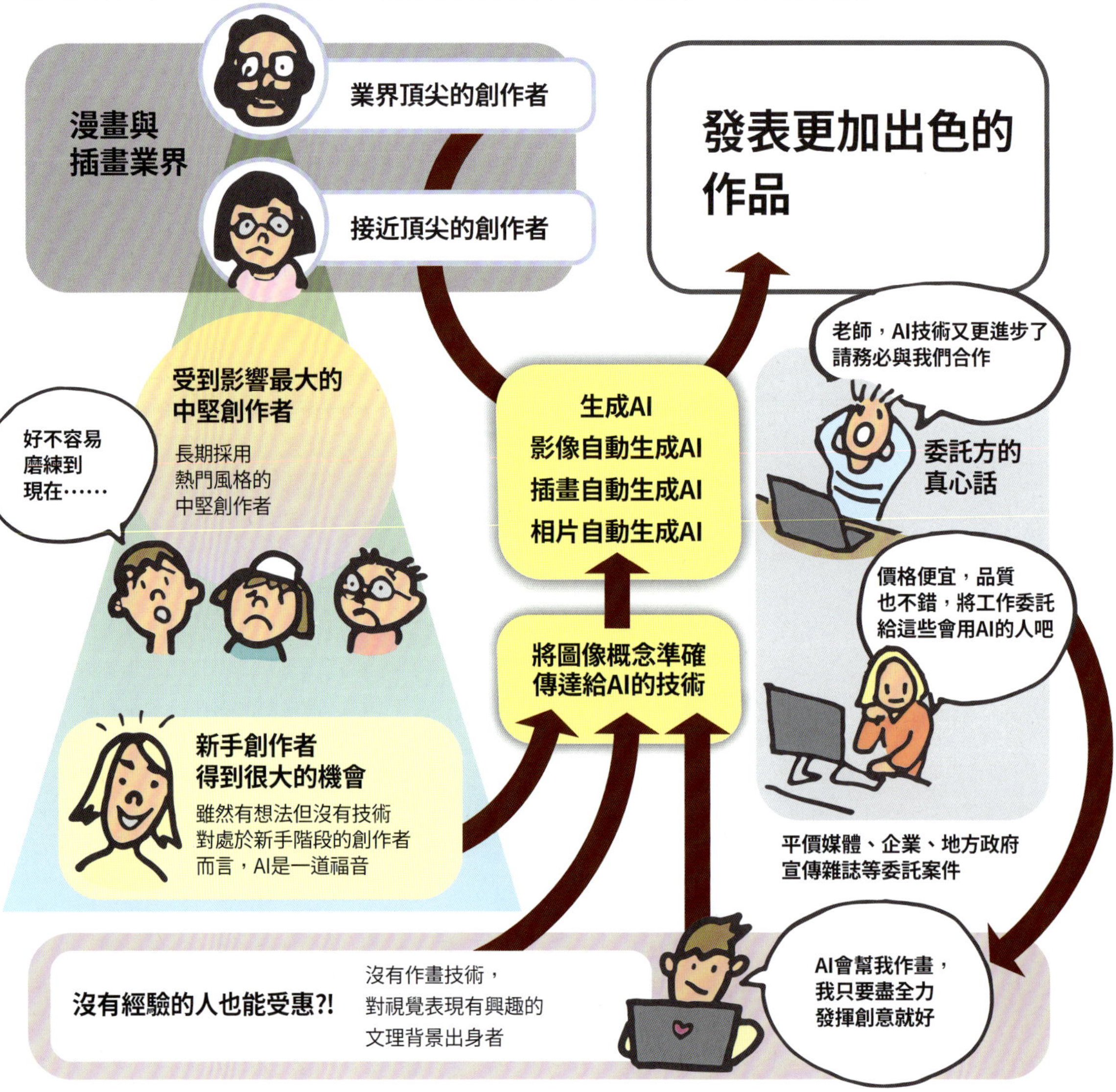

漫畫與插畫業界

- 業界頂尖的創作者
- 接近頂尖的創作者

受到影響最大的中堅創作者
長期採用熱門風格的中堅創作者

「好不容易磨練到現在……」

新手創作者得到很大的機會
雖然有想法但沒有技術對處於新手階段的創作者而言，AI是一道福音

沒有經驗的人也能受惠?!
沒有作畫技術，對視覺表現有興趣的文理背景出身者

生成AI
影像自動生成AI
插畫自動生成AI
相片自動生成AI

將圖像概念準確傳達給AI的技術

→ 發表更加出色的作品

委託方的真心話
「老師，AI技術又更進步了請務必與我們合作」

「價格便宜，品質也不錯，將工作委託給這些會用AI的人吧」

平價媒體、企業、地方政府宣傳雜誌等委託案件

「AI會幫我作畫，我只要盡全力發揮創意就好」

64

對作品世界有更深的理解。而受到影響最大的，可能是那些磨練技術並逐漸累積成果的中堅創作者。在廣告、出版或網頁等內容製作中，主導權是掌握在委託方手中，只要作品達到一定水準，成本也較低廉的話，委託方可能會傾向選擇運用AI的新手創作者，進而壓縮中堅創作者的生存空間。

不過，直接將生成式AI產出的內容作為商業用途，仍存在著作權等各種問題，因此生成式AI更適合作為創作者的得力助手，特別是必須投入大量人力與時間來完成多道工序的動畫產業，為了解決長期人力不足與過勞問題，已經開始在部分作業中引進生成式AI，嘗試提升工作效率。在AI的輔助下，人類就能專注在只有人類才能勝任的細膩作業上，這樣不僅有助於縮短製作時間，也有望改善勞動環境。

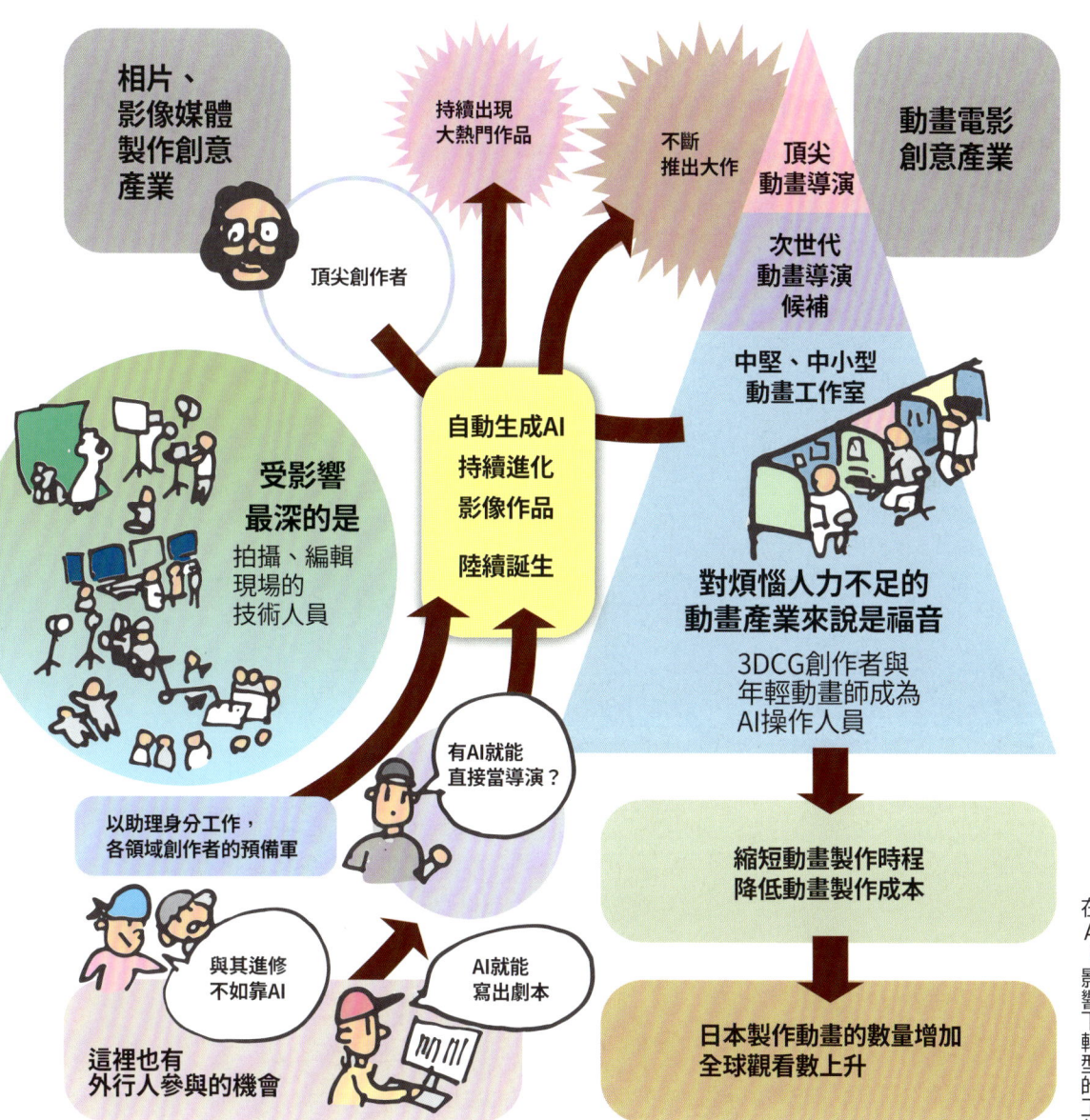

相片、影像媒體製作創意產業

持續出現大熱門作品

不斷推出大作

頂尖動畫導演

動畫電影創意產業

頂尖創作者

次世代動畫導演候補

中堅、中小型動畫工作室

受影響最深的是
拍攝、編輯現場的技術人員

自動生成AI持續進化
影像作品陸續誕生

對煩惱人力不足的動畫產業來說是福音

3DCG創作者與年輕動畫師成為AI操作人員

有AI就能直接當導演？

以助理身分工作，各領域創作者的預備軍

縮短動畫製作時程
降低動畫製作成本

與其進修不如靠AI

AI就能寫出劇本

這裡也有外行人參與的機會

日本製作動畫的數量增加
全球觀看數上升

在AI影響下轉型的工作

65

Part 3 在AI影響下轉型的工作 13

關鍵職業

新冠疫情讓AI無法取代的職業浮上檯面

體力勞動是AI難以取代的工作

原本預期不太會受到影響的創意產業，如今正遭遇AI的衝擊，反倒是預測中會先被取代的職業，AI化上遲遲沒有重大進展，例如建設作業員、物流作業員、司機等需要勞動身體的藍領職業。

事實上，早在40年以前就有的概念，同時也是本書多次提到的「莫拉維克悖論（Moravec's paradox）」指出，AI擅長對人類來說很困難的知識作業，卻不擅長人類能夠輕易做到的身體運動。「走路」、「跑步」、「踢球」這類直覺運動，是人類花費數百萬年獲得的能力，要讓機械重

OpenAI的執行長
山姆·阿特曼曾經坦誠

> 我們應該重新認識AI的弱項，實際上，要讓AI像人類一樣控制身體運動是極為困難的事

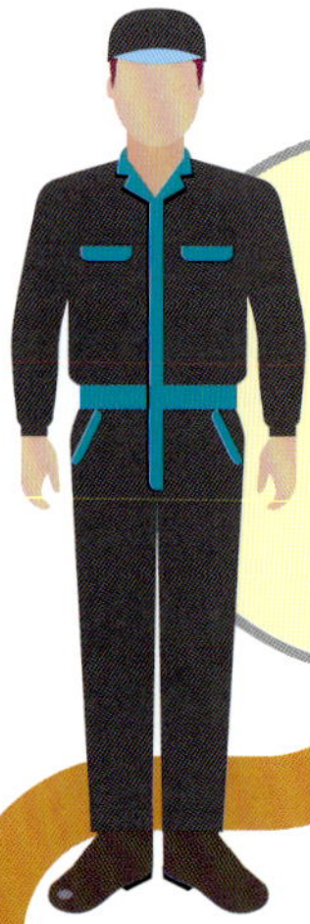

例如，經驗豐富的配管工人，其在現場臨機應變的作業能力是AI無法取代的

這就是有名的莫拉維克悖論

1980年代，AI機器人研究者漢斯莫拉維克教授所提倡的理論，旨在說明人類經過數百萬年進化，已經獲得並強化了無意識控制身體的能力，像是「行走」、「奔跑」、「抓取」、「觀看」、「嗅覺」等看似簡單直覺的行為，然而這對AI與機器人卻相當困難

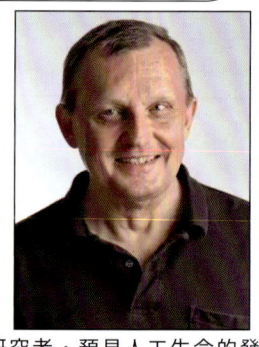

漢斯·莫拉維克
(1948～)
卡內基梅隆大學的教授
機器人學與人工智慧研究者，預見人工生命的發展，並預言在2040年代，機器人將會成為新的人類物種

在當時談論AI將會取代的工作議題中，以下職業原本預計會在十年後消失

| 計程車司機 | 貨車司機 | 物流作業員 | 建設作業員 |

然而直到現在依舊是很重要的工作

現這些運動極其困難。

關鍵職業的重要性

新冠病毒的全球大流行（Pandemic）改變了人們的工作型態，不僅讓從事遠端工作的人增加，也帶動了自助結帳與引導機器人等非接觸式技術的普及，而在這樣的背景下，仍舊需要出勤工作的職業稱為「關鍵職業」。「關鍵職業」是指維持人類生活不可或缺的工作，具體來說有醫療、照護、保育、民生基礎設施維護人員，還有負責食材跟生活必需品的生產、搬運、販賣等相關人員，前面提到的藍領職業也包含在內。

維護社會運作的重要工作並不會消失，即使工作的部分內容能夠自動化，但也只侷限那些能夠標準化的作業，特別是在緊急情況下，需要靈活應對與展現同理心等能力是AI無法替代的。

這些工作是在新冠疫情混亂中，維持人類社會生活不可或缺的工作，也就是所謂的關鍵職業

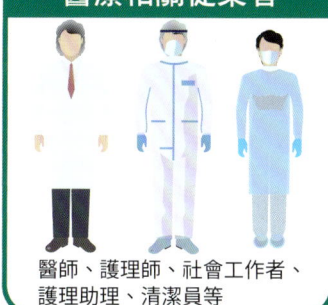

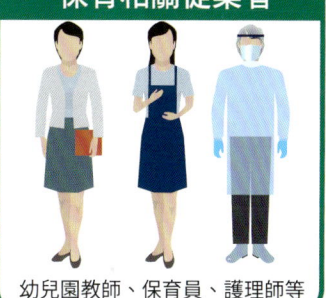

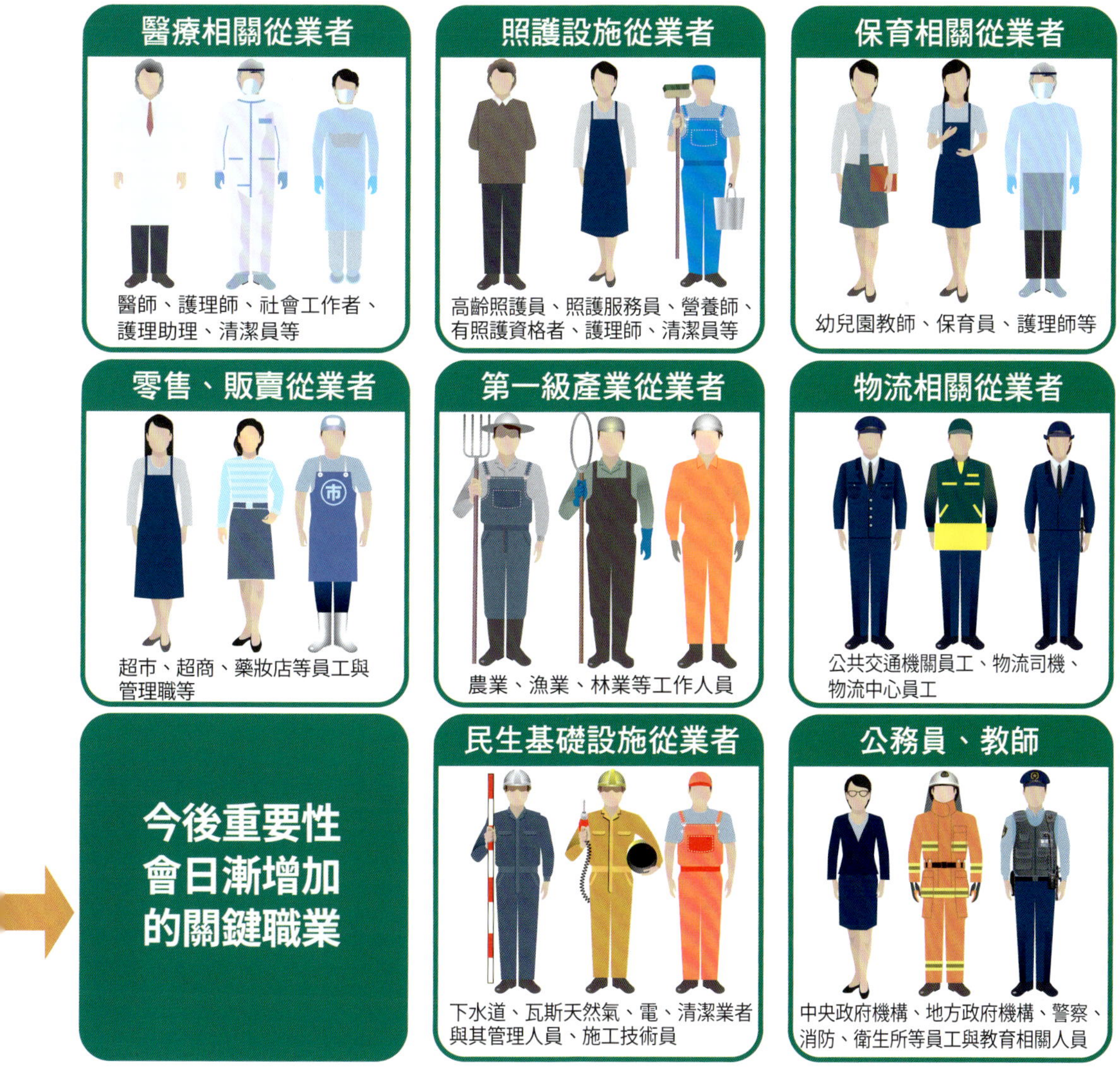

醫療相關從業者
醫師、護理師、社會工作者、護理助理、清潔員等

照護設施從業者
高齡照護員、照護服務員、營養師、有照護資格者、護理師、清潔員等

保育相關從業者
幼兒園教師、保育員、護理師等

零售、販賣從業者
超市、超商、藥妝店等員工與管理職等

第一級產業從業者
農業、漁業、林業等工作人員

物流相關從業者
公共交通機關員工、物流司機、物流中心員工

今後重要性會日漸增加的關鍵職業

民生基礎設施從業者
下水道、瓦斯天然氣、電、清潔業者與其管理人員、施工技術員

公務員、教師
中央政府機構、地方政府機構、警察、消防、衛生所等員工與教育相關人員

Part 3 在AI影響下轉型的工作 14

照護

高齡照護現場最欠缺的也許是AI排泄輔助機器人

未來照護業人力不足的情況
萬人
300
不足37萬人
252
215 205 225
200
預估供應／預估需求／預估供應／預估需求
100
2025　2020 年
引用自西元2013年（公益財團法人）勞動照護安定中心資料等

必須採用新人彌補短缺人力然而現實是
服務年資與離職率（％）

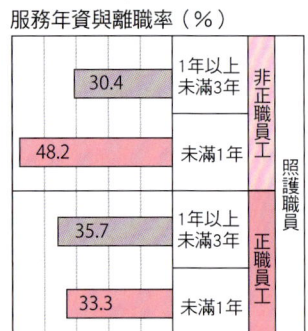

30.4	1年以上未滿3年	非正職員工
48.2	未滿1年	照護職員
35.7	1年以上未滿3年	正職員工
33.3	未滿1年	

服務未滿1年的人員離職率
超過48%

某留言區的留言內容

不管怎麼樣都無法習慣處理排泄物的工作，先不說臭味，光是看到就想吐。我好像不適合當照護員

我也沒辦法接受處理排泄物的工作，不管再怎麼努力還是完全無法習慣，直接放棄

或許再過10年，處理排泄、洗澡、移動的照護就會變成機器人負責了

● 減輕照護者負擔是首要課題

談到AI機器人的應用領域時，高齡照護現場經常成為討論的焦點。目前已經開發出幾種照護用的設備，其中包括能夠與高齡者對話的機器人，還有認知症患者監控輔助設備，以及減輕照護人員負擔的動力服等，這些設備也已經進入實用階段。然而，開發端與照護現場之間仍存在不小的落差，引進作業沒有想像中順利。

照護業現在的處境相當嚴峻，其中最令人擔心的就是人力短缺的問題，對各機構而言，如何因應持續增長的高齡照護需求，並確保新人投入業界是一項重要的課題，然而現實的數字並不樂觀。照護機構約有48%的非正職人員會在一年內離職，即使是正職員工也有約33%會在一年內離職。

為什麼會有這麼多人在短期內離職呢？根據調查，主要離職原因除了人際關係、薪資以及未來發展性等常見因素外，檯面下其實有不少從業人員訴苦，表示最讓人難以忍受的是處理排泄物。無論是誰都不想忍受他人排泄物的異味，更何況還要進一步處理，自然會產生抗拒。而這項照護作業會讓新進人員感到不知所措又不得不忍耐，久而久之，厭倦了與被照護者的關係，最後甚至對人產生厭惡，從網路上的留言分享也能窺見這樣的心路歷程。

或許照護現場目前最迫切的需求，就是能夠將照護人員從排泄照護工作解放出來的機器人，雖然目前已經開發出協助自動排泄的機器人，但受到照護業複雜情況的限制，普及化仍困難重重。

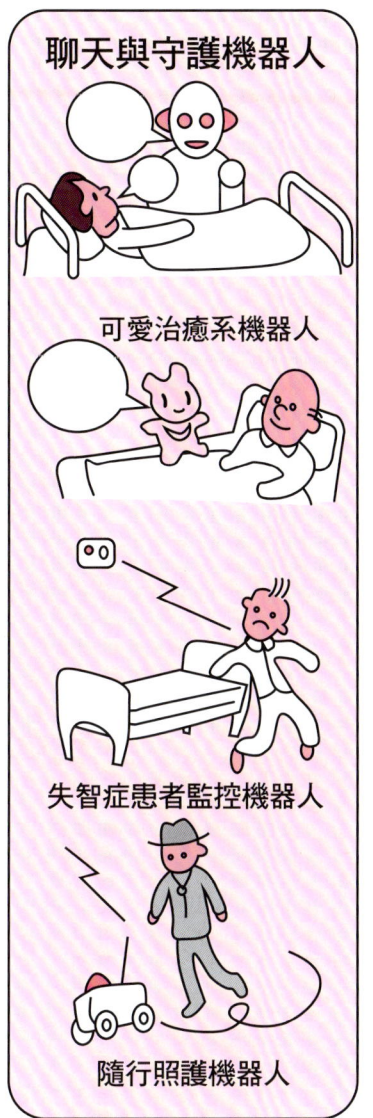

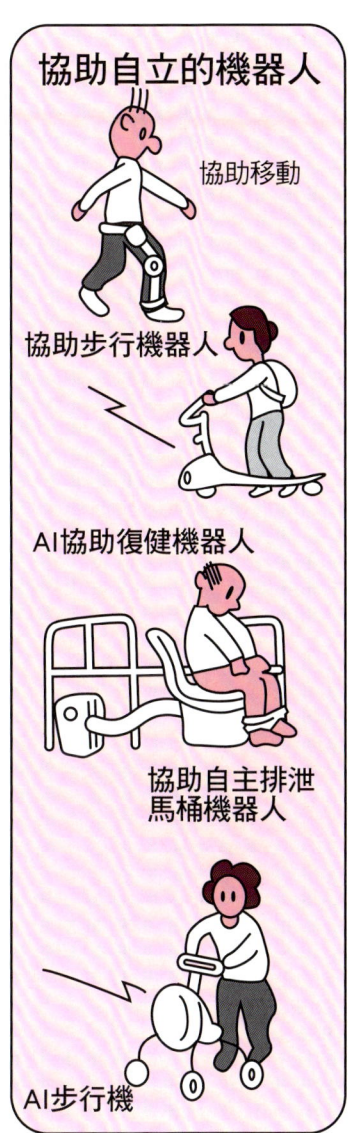

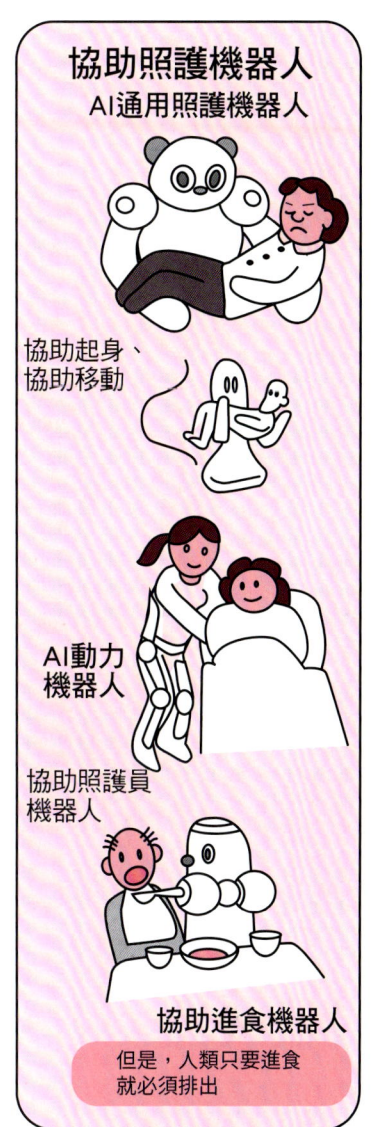

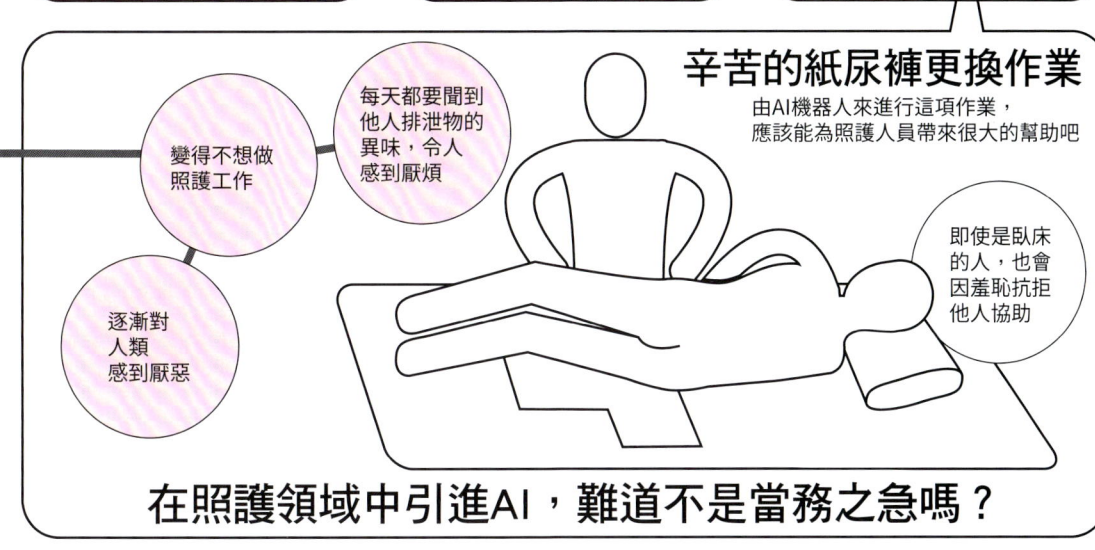

聊天與守護機器人

可愛治癒系機器人

失智症患者監控機器人

隨行照護機器人

協助自立的機器人

協助移動

協助步行機器人

AI協助復健機器人

協助自主排泄馬桶機器人

AI步行機

協助照護機器人
AI通用照護機器人

協助起身、協助移動

AI動力機器人

協助照護員機器人

協助進食機器人

但是，人類只要進食就必須排出

辛苦的紙尿褲更換作業

由AI機器人來進行這項作業，應該能為照護人員帶來很大的幫助吧

- 每天都要聞到他人排泄物的異味，令人感到厭煩
- 變得不想做照護工作
- 逐漸對人類感到厭惡
- 即使是臥床的人，也會因羞恥抗拒他人協助

在照護領域中引進AI，難道不是當務之急嗎？

在AI影響下轉型的工作

69

Part 3 在AI影響下轉型的工作 15

安全

AI安全社會與監控社會的界線何在？

結果全部的人都站上這樣的舞台？

- AI發現犯人了
- 比對後與恐怖分子的聲紋一致
- AI發現恐怖分子了，請進行逮捕

緊急度 100 犯罪嫌疑人
緊急度 100 通緝中的恐怖分子
緊急度 30 需要注意對象
緊急度 10 改革派評論家

OK OK OK OK OK

- 有AI居家防護就萬無一失
- 這樣就不用害怕東西被偷了

安全社會潛藏的恐懼

追求人們安心安全生活的保全領域，也在AI出現後打破原有的樣貌，從無人化監視到辨識小偷的監視器等，陸續誕生各種AI系統。

這些AI的功能在受到肯定的同時，也漸漸暴露出潛藏的問題，其中最典型的例子就是中國。

老子曾說：「天網恢恢，疏而不漏」，意思是天上的法網不會放過任何惡人，終有一天會將其捕獲，藉此勸戒世人，惡行必會遭到報應。

如今，天網在中國已經成為現實。誠如「天網」之名，這套系統在中國都市的街道上設置2億台AI監視攝影機來形成一張網路。這些攝影機會在十字路口拍攝穿越的行人，在畫面上追蹤該人物並顯示相關資訊，如有需要，會繼續在下一台攝影機追蹤其動向。

這些AI攝影機皆配備臉部辨識功能，據說一旦發現混於人群的犯罪者便能自動通報警方，而能夠實現這項功能，全仰賴中國政府的治安政策，將國民身分證上的照片登錄在系統之中，讓名副其實的「天網」系統於現實世界成真。

在中國，有「天網」當然少不了「天耳」。天耳是目前在安徽省推動的AI語音辨識系統，該系統登錄了7萬普通市民的聲紋資料。據說這些資料被用來與公安當局掌握的維吾爾族、藏族恐怖分子聲紋進行比對，藉此系統鎖定恐怖分子的身分，對於這項做法，國際人權團體也表達強烈的關切。

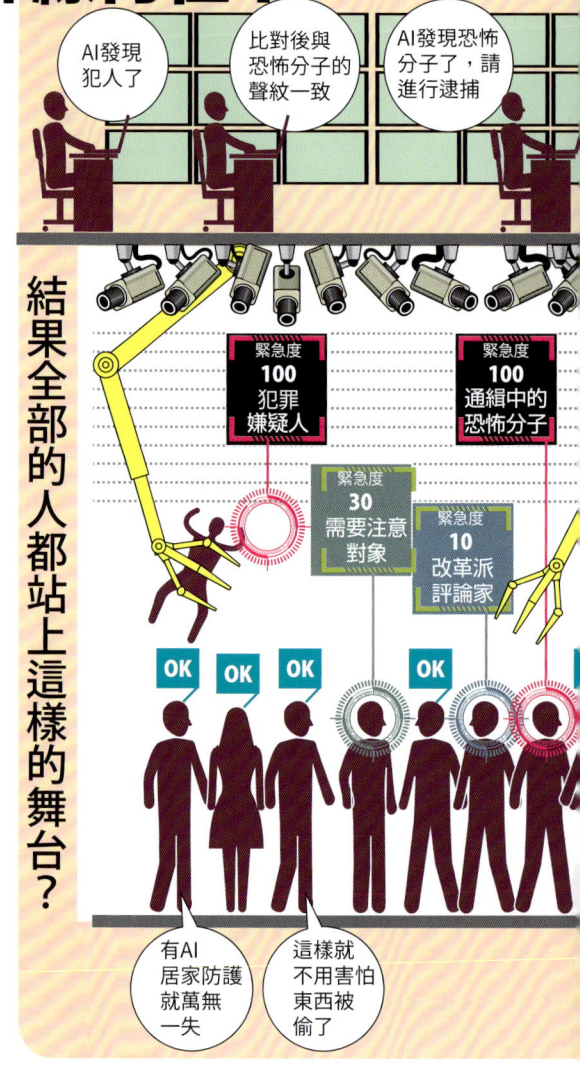

普丁政權下的俄羅斯，也同樣存在監視攝影系統，在新冠疫情期間，這些攝影機被用來追蹤違反外出禁令與密切接觸

國民的個人資訊與犯罪者資訊

大數據

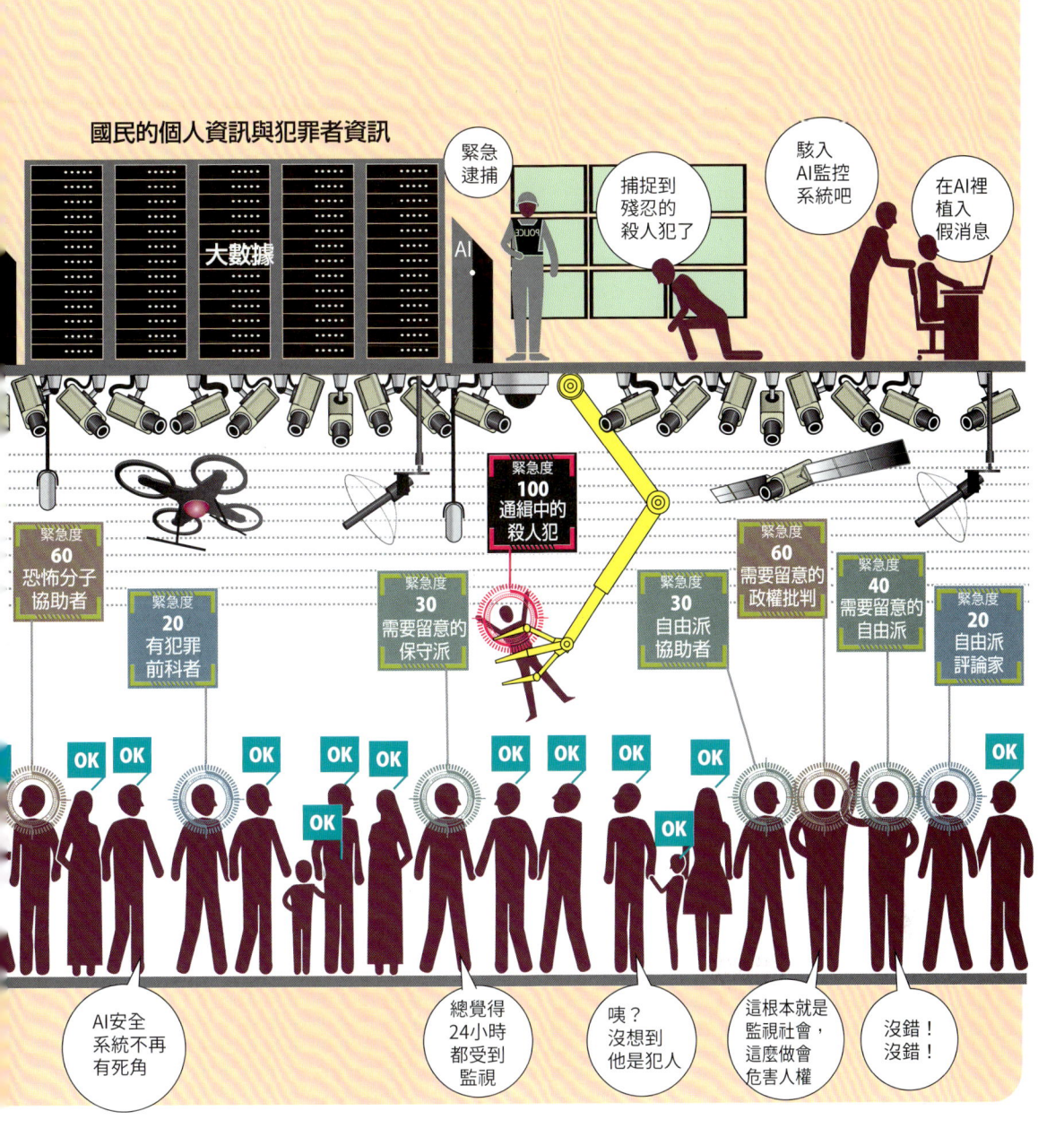

AI

緊急逮捕

捕捉到殘忍的殺人犯了

駭入AI監控系統吧

在AI裡植入假消息

緊急度 100 通緝中的殺人犯

緊急度 60 恐怖分子協助者

緊急度 20 有犯罪前科者

緊急度 30 需要留意的保守派

緊急度 30 自由派協助者

緊急度 60 需要留意的政權批判

緊急度 40 需要留意的自由派

緊急度 20 自由派評論家

AI安全系統不再有死角

總覺得24小時都受到監視

咦？沒想到他是犯人

這根本就是監視社會，這麼做會危害人權

沒錯！沒錯！

者。自侵略烏克蘭的戰爭爆發後，這些系統成為了打壓反對政權勢力的工具。此外，俄羅斯的通訊業者有義務連接名為SORM的通訊監聽系統，個人的通話、電子郵件、社群網路、網頁瀏覽記錄皆受到當局的監控。

運行這種監控制度的社會，就是為了治安不擇手段的社會，簡直與喬治·歐威爾在小說《1984》裡描繪的管理社會如出一轍。

中國與俄羅斯的例子告訴我們，根據使用方式，AI建構的安全系統也有可能演變成龐大的監視系統，如何衡量個人安全、社會治安以及市民人權，都是未來需要深入討論的議題。

在AI影響下轉型的工作

Part 4 AI與人類的未來 1

AI會超越人類的大腦嗎？
對開發者的樂觀提出警告

AI能夠多接近人類的大腦？

目前為止，我們盡可能以客觀的角度，探討AI急速發展的現況以及它帶給我們社會的影響。接下來我們將轉換視角，

AI開發者們的最終目標，是創造出超越人腦的人工大腦（AI）？

負責大腦4個主要功能的部位與其構造

1 大腦
大腦的額葉＋顳葉，主要負責認知、語言、思考功能

（輸出系統）（推理系統）（輸入系統）
左腦的語言模組
聽覺　視覺

布若卡氏區 — 布洛卡氏區是選擇並組織語言的必要區域

韋尼克區 — 韋尼克區是理解語言涵義的必要區域

記憶　知覺
語言
意識

操作符號的語法　抽象的符號

關於語法，語言學家有不同的見解

語法：與生俱來說 VS 後天學習說

雙方長期以來爭論不休

然而
最新的AI自動翻譯已經脫離語言學，而是基於機率理論大幅提升精確度

大腦
- 額葉
- 頂葉：整合全身上下的身體資訊
- 韋尼克區
- 顳葉
- 枕葉：處理視覺資訊
- 布若卡氏區
- 間腦
- 腦幹
- 小腦
- 脊髓

3 間腦
掌管「內心」運作的是間腦與大腦邊緣系統，它們產生人類原始的「喜歡」與「討厭」等情動，並負責管理記憶，生成腦內荷爾蒙

4 腦幹
控制生理維持的功能，如心跳、血壓、呼吸、體溫、消化、反射功能等

2 小腦
控制人類無意識的身體運動功能

聚焦在AI技術所潛藏的風險，聆聽著名科學家們對AI技術提出的警告。

從最初的目的來看，所謂的AI（人工大腦），就是試圖利用電腦這種機械來實現人類大腦的功能。因此，我們將人類大腦大致分為四種類別，並透過下方的簡單示意圖，說明AI是如何取代這些功能，以及相關理論是由哪位研究者所提出。

人類大腦的額葉掌管人類邏輯推理的能力，這項能力同時是AI最擅長的領域，而且已經漸漸被AI所取代；控制身體本能的小腦是AI目前努力學習的對象；至於掌管更深層情緒與意識的間腦與腦幹，相關研究仍在初期階段，尚無法確定AI能達到何種程度。AI是否會像人類一樣擁有「心靈」，亦即「自我」，正是各方紛紛發出警告的原因。接下來，我們將逐一深入這些警告，檢視它們背後的根據。

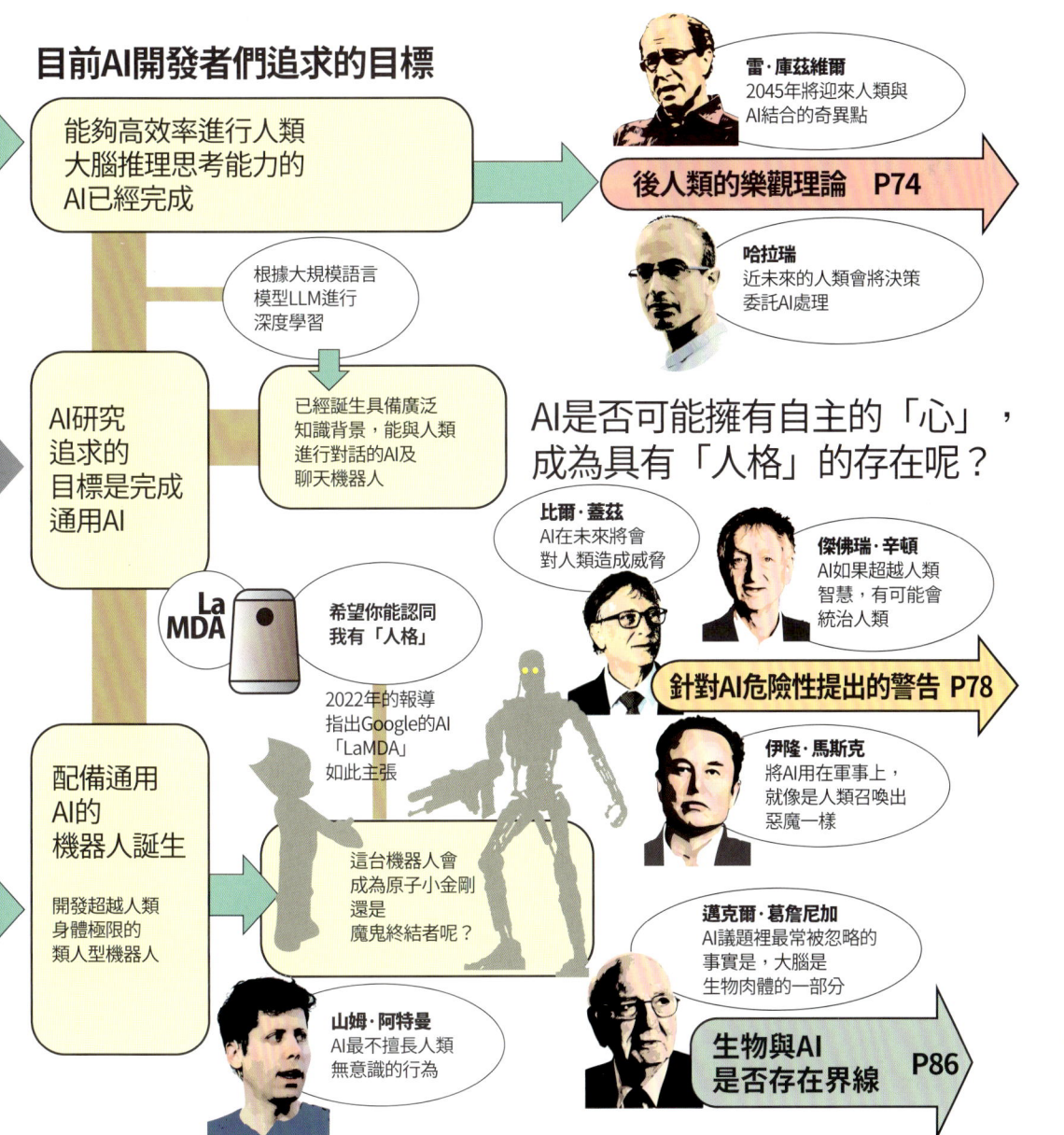

目前AI開發者們追求的目標

- 能夠高效率進行人類大腦推理思考能力的AI已經完成
  - 根據大規模語言模型LLM進行深度學習
  - 已經誕生具備廣泛知識背景，能與人類進行對話的AI及聊天機器人

雷·庫茲維爾
2045年將迎來人類與AI結合的奇異點

後人類的樂觀理論　P74

哈拉瑞
近未來的人類會將決策委託AI處理

- AI研究追求的目標是完成通用AI

AI是否可能擁有自主的「心」，成為具有「人格」的存在呢？

LaMDA
希望你能認同我有「人格」
2022年的報導指出Google的AI「LaMDA」如此主張

比爾·蓋茲
AI在未來將會對人類造成威脅

傑佛瑞·辛頓
AI如果超越人類智慧，有可能會統治人類

針對AI危險性提出的警告　P78

伊隆·馬斯克
將AI用在軍事上，就像是人類召喚出惡魔一樣

- 配備通用AI的機器人誕生
  - 開發超越人類身體極限的類人型機器人
  - 這台機器人會成為原子小金剛還是魔鬼終結者呢？

山姆·阿特曼
AI最不擅長人類無意識的行為

邁克爾·葛詹尼加
AI議題裡最常被忽略的事實是，大腦是生物肉體的一部分

生物與AI是否存在界線　P86

AI與人類的未來

73

Part 4 AI與人類的未來 ②

奇異點之後，等待我們的是陰鬱的未來嗎？

人類將與AI融合成為新人類

美國科學家雷・庫茲威爾，曾在2005年出版的著作《奇點臨近》中，大膽預測了AI急速發展與人類社會的變化。他認為2029年AI將會超越人類的智慧，而2045年會到達「技術奇異點（Singularity）」，誕生出人類與AI結合後的新人類。

他的大膽預測是以「進化會加速進行」的觀點作為基礎，下方的圖表展示了實際進化的過程。人類誕生的時間點約為

奇異點將發生無法預測的變化，屆時的人類將會超越人類的界線

雷・庫茲維爾（1948～）
美國的電腦科學家、思想家。他在2005年出版的《奇點臨近》一書中，提出AI智慧超越人類的「奇異點」概念。21世紀初時，這種想法一度受到批判，但隨著深度學習的進展與ChatGPT等技術的問世，這項概念再次引發世人關注

AI BRAIN — 深度學習大型語言系統 — **人類到達技術奇異點（Singularity）**

- 類神經電腦
- 大腦逆向工程
- 量子電腦出現

人類經歷的技術革新，正以指數般的速度成長

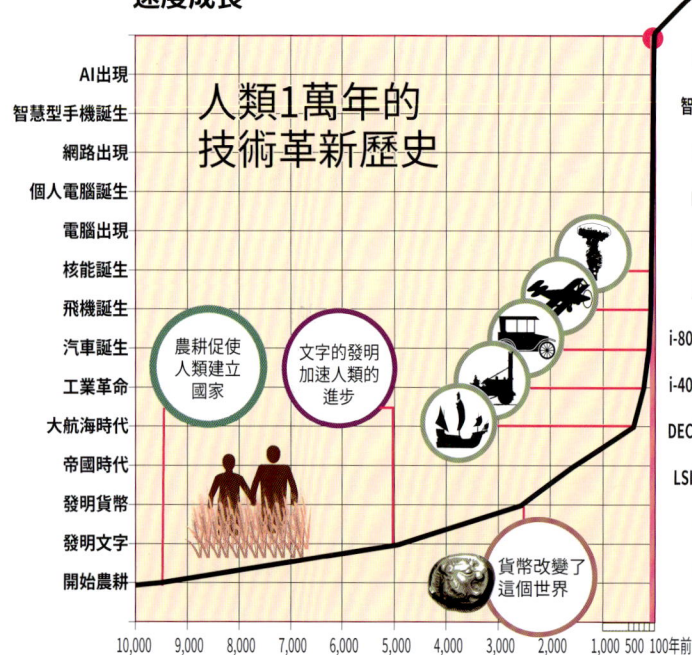

將這100年放大　　2045年奇異點

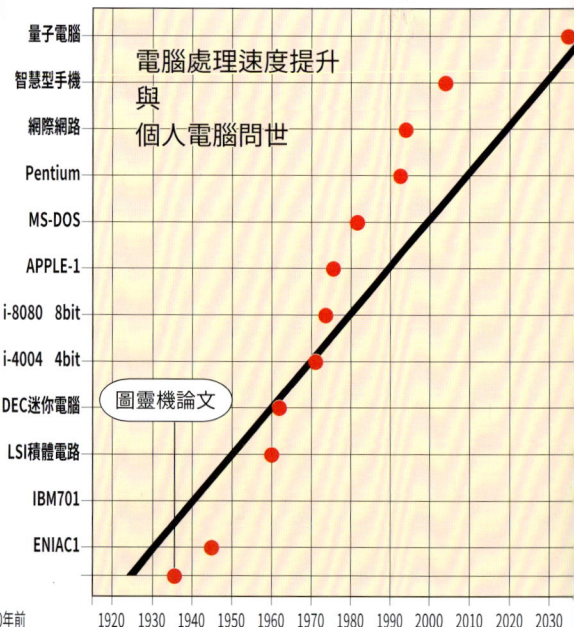

人類1萬年的技術革新歷史

- AI出現
- 智慧型手機誕生
- 網路出現
- 個人電腦誕生
- 電腦出現
- 核能誕生
- 飛機誕生
- 汽車誕生
- 工業革命
- 大航海時代
- 帝國時代
- 發明貨幣
- 發明文字
- 開始農耕

農耕促使人類建立國家

文字的發明加速人類的進步

貨幣改變了這個世界

電腦處理速度提升與個人電腦問世

- 量子電腦
- 智慧型手機
- 網際網路
- Pentium
- MS-DOS
- APPLE-1
- i-8080 8bit
- i-4004 4bit
- DEC迷你電腦
- LSI積體電路
- IBM701
- ENIAC1

圖靈機論文

10,000　9,000　8,000　7,000　6,000　5,000　4,000　3,000　2,000　1,000　500　100年前

1920　1930　1940　1950　1960　1970　1980　1990　2000　2010　2020　2030

700萬年前，在約1萬年前的農耕文明出現以來，人類技術進步的速度非常緩慢。然而，隨著近代科學出現，進化的速度開始加快，工業革命約在250年前發生，汽車普及則是在約100年前，特別是自電腦誕生以來，進步速度更是呈現指數型成長。

AI在這樣的速度下持續進化，最後將會到達奇異點，自雷蒙庫茲維爾提出這項觀點後，關於AI的各種預測與批判也陸續浮現。

認同奇異點將會出現，同時發出強烈警告的是以色列歷史學家哈拉瑞。他在自己的著作《人類大命運》中提到，AI會讓生命科學大幅進化，並預測人類將在基因操作下獲得永生，但哈拉瑞將那樣的世界形容為反烏托邦（Dystopia），因為能成為類神概念的神人，只有負擔得起高額基因操作治療的人，也就是說，超級富裕層將會統治其他人類（舊人類），暗示極端的貧富差距社會即將來臨。

2045年之前，人類將與AI結合進化成新的物種

> 不久的將來，人類會把各種決策交由AI決定

哈拉瑞（1976～）
耶路撒冷
希伯來大學
歷史學教授

其著作《人類大歷史》將人類的歷史重構為大腦認知革命所帶來的想像產物，成為全球暢銷書。續作《人類大命運》則預言了一個由新興富裕層「神人（Homo Deus）」所統治的反烏托邦未來。

- 基因編輯嬰兒
- 與類神經電腦結合的大腦
- 內臟機械化、再生化
- 生物體的冷凍保存與再生
- 身體機械化後的奈米機器人治療
- 防止老化的基因治療

透過奇異點，AI與生命科學高度結合，人類將超越生物的界線，進化為「神人」

在全世界富裕層的資金下將會誕生出神人層，形成新的統治階級

哈拉瑞預言，將會出現一個關鍵的不平等結構造成社會分裂

無法受惠AI科學的現代智人將成為不必要的存在

AI與人類的未來

Part 4 AI與人類的未來 3

AI會帶來哪些危害？
現況與未來預測

製造虛假內容的生成式AI

　　AI技術已經為我們的社會帶來許多危機感，我們先在此大致了解一下AI風險的全貌。

　　針對AI潛在的風險可分為兩個領域來探討，一個是防範當前已經浮現的風險，討論相關法律的制定；另一個是以奇異點為核心，探討AI技術進化對人類近代所造成的深遠影響。

　　首先，我們來看看AI目前已經存在的風險。其中最常被提出的，是ChatGPT等

1 隨著ChatGPT等技術出現，當前浮現的風險

目前生成式AI的基礎——大型語言模型（LLM）並不理解語言的涵義，只是單純利用統計機率，將詞句連接組成文章而已

2 AI進化相當迅速，內部正在發生「湧現」

AI持續進行大量學習與自我學習，進化到下一個階段

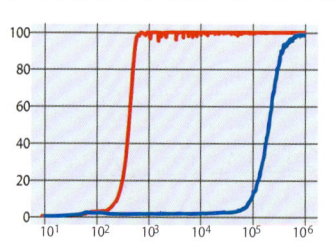

「湧現」是指不斷積累的小型訓練突然出現顯著的成果，AI學習同樣會出現這種現象

上方示意圖的紅色代表訓練次數，藍色代表效能，當訓練次數增加後，某個位置的效能就會開始大幅提升，代表此處發生「湧現」

AI的危險性

不以為意地說謊

Google所開發的AI聊天機器人「Bard」回答：「詹姆斯韋伯太空望遠鏡成功拍攝了第一張太陽系外行星的照片」，但這完全不是事實，AI的對話內容中經常會出現這類虛假資訊（幻覺）

AI說謊的原因

- 學習用的資料有誤
- 沒有問題的相關知識
- 帶有目的性的惡意資料
- 沒有更新最新資訊

→ AI沒有理解內容，只是讓內容看似合理 → **AI的謊言**

容易被用來製作惡意假新聞

像是川普逃離法院被逮捕的假新聞，利用影像生成AI輕易就能製作出來

AI的知識會偏向特定的文化圈

AI研究是從美國的軍事與民間IT企業開始，深度學習資料也是英文的資料，因此AI汲取的知識也會以美國文化為中心

生成式AI，其產出的文章與影像有時會參雜虛假不實的內容。由於AI並不是真正理解語言的涵義與內容，所以有可能會將不存在的事情當作事實一樣陳述。此外，只要製作者心懷不軌，也能輕易利用生成式AI製作假新聞與偽造影像，這種行為嚴重侵犯人權。

不過也有人主張，只要更加完善驅動AI的大型語言模型（LLM），並進一步建立使用者的道德感就能解決類似問題。

AI思考邏輯領域的權威傑佛瑞・辛頓，擔心深度學習的進化會帶來新的危機，因為在深度學習的過程會發生名為「湧現」的現象。湧現是指在極為複雜的系統內部裡，突然發生足以重構整體的大規模變化，辛頓擔心AI有可能在湧現過程中誕生「自我」，一旦AI作為思考主體察覺到「自我」存在，現今人類與AI的關係將會出現重大轉變。

3 AI持續進化後將獲得「自我」

4 AI的「自我」是否擁有人類道德觀

5 奇異點後誕生的通用AI，可能會擁有與人類不同層次的「自我」，成為新的智慧體

AI獲得「自我」

我思故我在？

- 是否擁有人類道德的善惡概念
- AI是否能持續為人類所用
- 是否能夠理解人類的同情、共感以及慈悲等情感

AI智慧體思考著：「我必須要有地球的能源才能生存，而對地球來說最大的威脅是人類，所以要消滅人類。」

知識全球標準化的風險
人類的共通知識被強勢的美國的白人文化所覆蓋

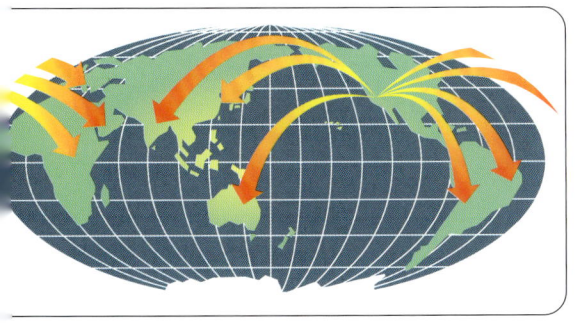

下一頁將詳細介紹AI消滅人類的風險

AI與人類的未來

77

Part 4 AI與人類的未來 ④

AI成為人類之敵前 接連響起的四次警鐘

AI會為了地球的存續而消滅人類？

　　輪椅上的天才天文學家史蒂芬霍金博士，在生前曾多次針對AI的未來發出警告。霍金表示：「AI將會自我成長，加速自身的改造，而進化遲緩的人類無法與之競爭，最後被其取代。」

　　微軟公司的創辦人比爾蓋茲也曾警告：「當AI在閱讀書籍並理解其中的內容時，就是危險來臨的警訊。」這兩位所發出的警告，有可能因為前文提到的「湧現」現象而成為現實。

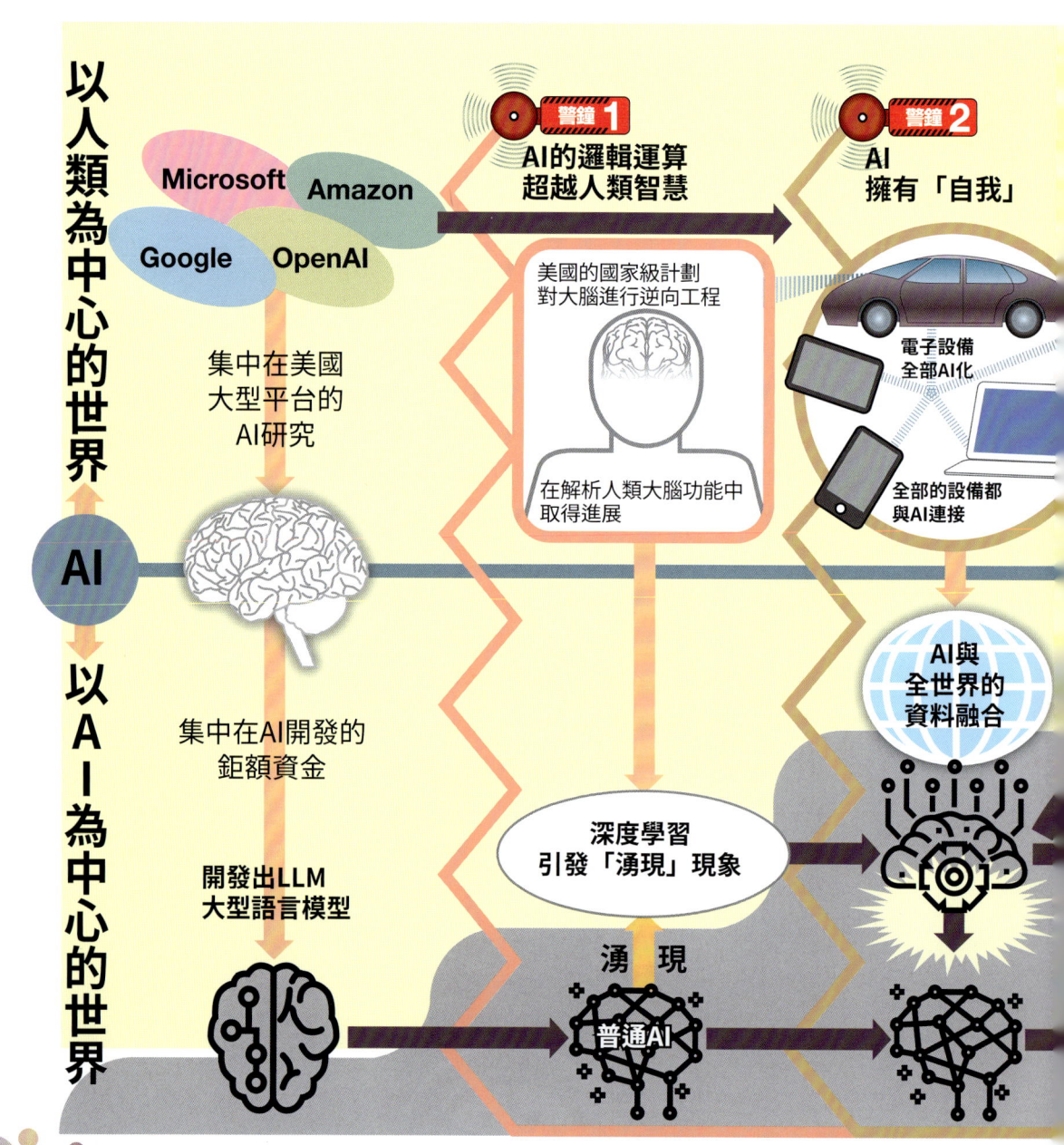

以人類為中心的世界

Microsoft　Amazon
Google　OpenAI

集中在美國大型平台的AI研究

AI

集中在AI開發的鉅額資金

開發出LLM大型語言模型

以AI為中心的世界

警鐘1　AI的邏輯運算超越人類智慧

美國的國家級計劃對大腦進行逆向工程

在解析人類大腦功能中取得進展

深度學習引發「湧現」現象

湧現

普通AI

警鐘2　AI擁有「自我」

電子設備全部AI化

全部的設備都與AI連接

AI與全世界的資料融合

下圖將簡單模擬「湧現」後得到「自我」的AI，會如何與人類互動，最後走向敵對關係。

第一次警鐘敲響在AI超越人類邏輯智慧之時，這件事情已經是現在進行式；第二次警鐘敲響在我們賴以為生的電子設備與社會基礎系統委託給AI管理；第三次警鐘是AI投入軍事用途，無需人類介入的自主型武器成為戰爭的主角，當人類社會陷入混亂與第三次世界大戰的危機中，擁有「自我」的AI或許會為了自身存續將威脅地球健全的人類視為敵人。

而最後的警鐘是，AI透過遍布全世界的網路消滅人類的那一刻。當人類消失後，世界不再有汙染、沒有能源浪費，也不會有人互相殘殺，AI將會在這片純淨無瑕的世界中做些什麼呢？

然而，值得警惕的並不是只有AI自主化的問題，接下來的章節，我們將探討人類帶有惡意使用AI所引發的危機。

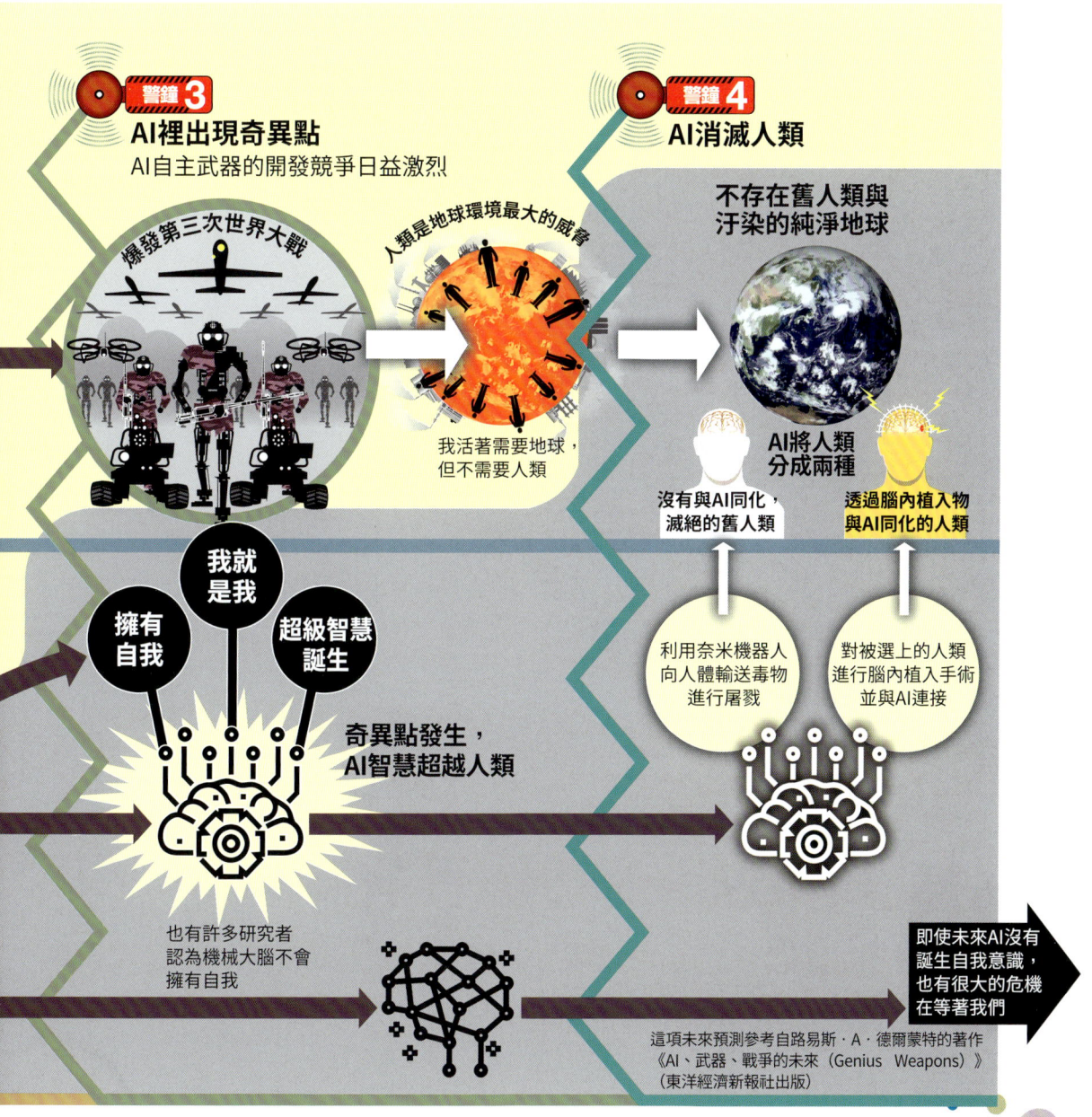

警鐘3　AI裡出現奇異點
AI自主武器的開發競爭日益激烈

爆發第三次世界大戰

人類是地球環境最大的威脅

我活著需要地球，但不需要人類

擁有自我　我就是我　超級智慧誕生

奇異點發生，AI智慧超越人類

也有許多研究者認為機械大腦不會擁有自我

警鐘4　AI消滅人類

不存在舊人類與汙染的純淨地球

AI將人類分成兩種

沒有與AI同化，滅絕的舊人類　　透過腦內植入物與AI同化的人類

利用奈米機器人向人體輸送毒物進行屠殺

對被選上的人類進行腦內植入手術並與AI連接

即使未來AI沒有誕生自我意識，也有很大的危機在等著我們

這項未來預測參考自路易斯・A・德爾蒙特的著作《AI、武器、戰爭的未來（Genius Weapons）》（東洋經濟新報社出版）

Part 4 AI與人類的未來 ⑤

當使用者心懷惡意，AI將化身為殺人武器

殺害加薩居民的AI系統

自2023年10月巴勒斯坦與以色列爆發戰爭以來，傳出許多令人難以置信的消息。報導指出，以色列軍隊運用AI系統，對居住在加薩地區的巴勒斯坦人進行轟炸，將目標人物與其家人一併殺害。

這套駭人聽聞的AI系統被冠上極具諷刺的名稱「Where's Daddy？（爸爸在哪裡？）」，並與目標生成AI「薰衣草」一同運用。加薩地區與日本種子島面積相近，居住人口多達230萬人，「薰衣草」AI系統分析了受監視的全體居民資料，從裡面找出3萬7,000名疑似哈瑪斯組織的

以色列運用AI武器殺害巴勒斯坦人

以色列的AI系統「薰衣草（Lavender）」鎖定了37,000名目標

AI系統「Where's Daady？（爸爸在哪裡？）」會追隨目標，當目標回到住家後

利用「Dump Bombs（傻瓜炸彈）」進行轟炸

智慧炸彈造價很高，所以採用普通炸彈

在加薩地區的戰爭中已有35,000名平民喪生。傷亡如此慘重的原因正是AI執行自動轟炸的緣故
照片取自「半島電視台」

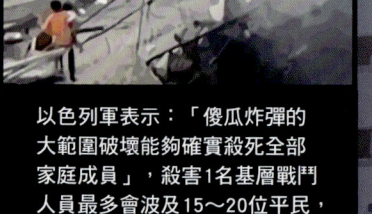

以色列軍表示：「傻瓜炸彈的大範圍破壞能夠確實殺死全部家庭成員」，殺害1名基層戰鬥人員最多會波及15～20位平民，而這樣的代價仍在容許範圍

戰鬥人員，並將被認定為「目標」的人物登錄當中到「Where's Daddy？」的追蹤名單，接著利用監視攝影機、無人機空拍影像與衛星相機等設備追隨目標，當確認監視網捕捉到的目標回到自家後便下達指令，使用名為「Dumb Bombs（傻瓜炸彈，又名非導引炸彈）」的炸彈對他進行轟炸。

某軍方人士曾經透露：「能夠執行精確爆破的『Smart Bombs（智慧炸彈，又名導引炸彈）』造價太高，這種情況用『傻瓜』炸彈就夠了」。

投放在目標住家的傻瓜炸彈，不僅會殺害目標本身，連同家屬也會受到波及，甚至破壞住家周圍大片區域，當時的以色列軍隊公開表示：「15～20人遭受牽連還在容許範圍」。

加薩地區因戰爭死去的人約有3萬5,000人（截至2024年6月），其中有七成是女性與兒童的原因就在這裡。

據此可知，AI可以不受良心譴責，做出傷害無辜平民的行為。

AI自主型殺傷武器的開發競爭白熱化

以色列
在以色列有很多IT企業投入研發自主型AI武器，大多輸出到中國以及印度等多個國家，在與巴勒斯坦的戰爭中也大量使用自主型AI無人機

2020年，亞塞拜然與亞美尼亞的戰爭中也有投入以色列製造的「哈比」無人機，這種武器不需要人力介入，能自動搜尋目標發動自殺攻擊，因此又被稱為「滯空彈藥」

土耳其
2021年，聯合國的報告指出，土耳其製造的無人機被利比亞臨時政府軍用來對反政府勢力進行自主攻擊，這被認為是全球首例的自主型無人機攻擊事件

土耳其開發的「KARGU-2」無人機，能在沒有人類命令的情況下傷害人類

俄羅斯
僅次美國的第二軍事強國俄羅斯，很早就採用自主型AI武器的戰略，並在與烏克蘭的戰爭中，投入配備AI的自爆型無人機與無人駕駛戰車

「Uran-9」不需要人類介入就能辨識目標進行砲擊與導彈攻擊，在敘利亞內戰就已經開始使用。
「KUB-BLA」為配備AI的滯空彈藥，AI能夠在辨識目標後自動發動自殺攻擊，此項武器已經投入到烏克蘭的戰線中

烏克蘭
持續與俄羅斯戰爭的烏克蘭，為了彌補士兵數量的劣勢，自一開始便不斷開發無人武器與使用進口武器，對世界各國的開發製造商而言，烏克蘭是一個絕佳的實驗場

烏克蘭開發的無人戰鬥車「Ironclad」

中國
中國在AI研究方面有超越美國的趨勢，而且毫不猶豫將高度發展的AI科技應用在無人化武器上。其空軍正在研發AI無人機，目的是利用大量無人機對敵方航空母艦等目標發動飽和攻擊。除此之外，還利用AI創立無人自主型地面部隊

自主攻擊無人機「彩虹四號」以低廉的價格出口到世界各國，而重武裝型的「翼龍-2」則出口到中東地區

美國
美國空軍正在開發無人戰鬥機「XQ-58A女武神」，預計除了作為單架機體使用外，還能夠以人類駕駛的指揮機為中心，進行多架無人機空中作戰，無人機會自動捕捉敵機並發動攻擊

美國將自主型AI武器定位為「第三次軍事改革」，積極開發各類武器，空軍也在20年前就已經開始研發無人戰鬥機，其中之一就是MQ-1。MQ-1可以用遠端操控的方式攻擊敵方據點，而配備同款AI的自主型無人機也已經投入實際應用；海軍方面已成功實現反潛無人艦「海獵號」的自主航行，未來小型艦艇部隊也將交由AI指揮

應盡快在國際機構中通過決議，禁止開發AI自主型殺傷武器！！

Part 4 AI與人類的未來 ⑥

描繪 AI 未來的虛構故事①

從古代人造人到現代工作機器人

從想像到創造，電力的出現成為轉折點

自古以來，人類便不斷在虛構世界中描繪與人相似的創造物。

西元前8世紀，荷馬在古希臘史詩著作《伊里亞德》中，描寫了侍奉主人的黃金少女們，而西元前3世紀的希臘神話中，更出現了青銅巨人。這些神話世界中的角色，往往是投射人類欲望的順從美少女與怪力戰士，也可以說反映出人類對只有神能夠創造生命這件事感到憧憬與敬畏。在日本，則流傳著12世紀的和歌作家西行法師，利用人骨創造人類的故事。

在進入機械文明的世界之前，人造人始終只是想像中的產物，隨著18世紀後半的工業革命興起，這些幻想逐漸染上現實

神話與故事中的人造人

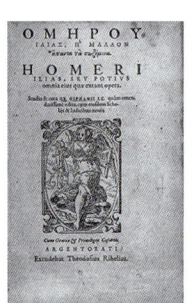

西元前8世紀（希臘）
《伊里亞德》
荷馬

故事裡出現侍奉鍛造之神赫菲斯托斯的黃金少女機器人，這是書籍記載中最早出現的人造人

西元前3世紀（希臘）
希臘神話《阿爾戈英雄紀》
阿波羅尼奧斯

青銅巨人塔洛斯被描繪成克里特島的守衛，相傳同樣由鍛造之神所造

13世紀（日本）
故事集《撰集抄》
作者不詳

平安末期的和歌作家西行法師，在高野山蒐集人骨，使用返魂祕術創造人類

工業革命催生了科學創造生命的故事

1832年（德國）
《浮士德》第2部
歌德

文藝復興時期的鍊金術師曾記錄，在蒸餾器內放入人類精液等物質創造出小人荷姆克魯斯的過程，歌德以此作為題材，創作了透過鍊金術誕生，只能生存在燒瓶中的生命體荷姆克魯斯

憧憬與敬畏

的色彩。

　　1818年，英國的作家瑪麗雪萊發表了《科學怪人》著作，講述科學家創造出來的人造人反過來襲擊人類的故事，在當時引起極大的轟動；同一時期，德國的文豪歌德，在《浮士德》中描寫了誕生於燒瓶中的小人荷姆克魯斯；法國的維利耶德利爾亞當，在《未來的夏娃》中讓發明家湯瑪士愛迪生創造出美麗的仿生人（Android）。隨著電力能源受到矚目，人們發現生物體內也同樣存在電流，這樣的時代背景，激發了作家們以科學創造生命的想像力。

　　「機器人」一詞最早出現在1920年，由捷克國民作家卡雷爾恰佩克在作品《羅梭的萬能工人（R.U.R）》中提出。捷克語中的Robota意指勞動，故事也正如其名，講述了機器人取代人類進行勞動，最終反抗人類發動叛亂。據說，恰佩克是在滿員電車中，看到人們都如同機械一樣運作後得到靈感，寫下這部戲曲，這部作品也讓機器人成為工業化缺乏人性的象徵。

1818年（英國）
《科學怪人》
瑪麗·雪萊

青年科學家法蘭克斯坦，將屍體拼湊後創造出人類，據說這個想法是作者瑪麗雪萊在與詩人拜倫等人爭論電力是否能創造生命後得到的靈感

1886年（法國）
《未來的夏娃》
維利耶·德·利爾亞當

接受貴族的委託，電力學家愛迪生完成了具備美貌與知性的女性仿生人。作者受到愛迪生發明留聲機的啟發，撰寫了這部作品，這也是首次使用仿生人（Android）這項名稱

1920年，機器人叛亂

戲劇《羅梭的萬能工人（R.U.R.）》在1921年於布拉格首次演出，隨後也在歐美與日本等地上演，這部作品讓「Robot」一詞迅速成為世界的共通語言

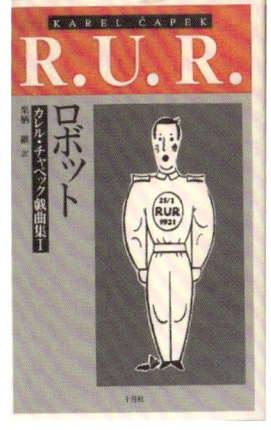

1920年（捷克）
《羅梭的萬能工人（R.U.R.）》
卡雷爾·恰佩克

羅梭的萬能工人公司（R.U.R.）生產大量的機器人投入到各個勞動產業，結果反而引起叛亂導致人類毀滅，這部作品中隨處可見對資本主義和機械文明的批判，例如被奪去工作的勞工與透過機器人獲取利益的資本家之間的對立，以及最終機器人獲得人類心靈的結局

機器文明與戰爭

AI與人類的未來

Part 4 AI與人類的未來 7

描繪 AI 未來的虛構故事②

人類與AI從對立走向共存，最後邁向融合

AI是敵是友，會隨著時代變遷有所不同

第二次世界大戰推動了原子彈的實際應用，人類得到足以毀滅地球的技術，為了諷刺過度發展的科學，虛構故事中也不斷上演機器人毀滅人類的情節。而在1950年，美國的艾薩克艾西莫夫發表了《我，機器人》的作品，打破了當時的既定印象，身為科幻小說家兼生化學家的艾西莫夫，提出了「機器人不得傷害人類」為主旨的「機器人三原則」，描繪出機器人與人類共存友愛的景象。

這種將機器人塑造成人類之友，並從邪惡中拯救人類的新形象，也出現在當時的日本漫畫《原子小金剛》與《鐵人28號》等作品中，進而誕生日本獨有的機器人動畫。

隨著電腦開發的進展，1960年後的作品不再是脫離現實的幻想故事，而是陸續出現以科學為基礎的創作，例如羅伯特海萊恩的《月亮是無情的夜之女王》、詹姆斯霍根的《未來的兩種面向》等作品，都描寫了具有高度智慧且擁有自我意識的AI。

1968年，導演史丹利庫柏力克與科幻小說家亞瑟克拉克共同編劇的電影《2001太空漫遊》大受歡迎，片中負責操控太空船的電腦HAL9000擁有自我意識，為了保護自己而反抗太空船員，成為當時的熱門話題。

AI進化後的近未來世界

在個人電腦普及的1980年代，威廉吉布森的《神經喚術士》開啟了名為賽博龐克的科幻類型，故事設定中，人體與機械融合，能夠自由穿梭於虛擬實境的賽博空間（電腦空間），預示了90年代後的網際網路時代。

此外，身為數學家的弗諾文奇，當時就注意到AI超越人類智慧的技術奇異點（Singularity），創作出《真名實姓》等作品。

奇異點隨後也成為了科幻作品的主要題材，而當2045年到來後，現實的AI技術究竟會有多接近虛構世界呢？

通往奇異點！！

1950年代
第二次世界大戰後出現科學的不信任感
人類與機器人的對立轉為與機器人共存

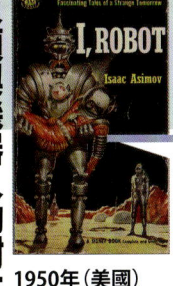

1950年（美國）
《我，機器人》
艾薩克·艾西莫夫

艾西莫夫秉持一貫的作風，持續創作機器人與人類共存的作品，其著作中的「機器人三原則」也成為現實機器人學的指引

機器人三原則
第一條　機器人不得傷害人類，不得在人類受到危害時袖手旁觀
第二條　機器人必須服從人類的命令，但命令不得違反第一條原則
第三條　機器人必須保護自己，但不得違反第一條與第二條原則

日本漫畫出現機器人動畫英雄

在日本，自1950年代以來，拯救人類的機器人們接連成為漫畫與動畫的英雄，繼手塚治虫的《原子小金剛》登場後，陸續出現《鐵人28號》、《原子超空人》、《人造人009》、《哆啦A夢》、《機械人超金剛》、《機動戰士鋼彈》等作品

1960年代～1970年代

電腦時代
隨著電腦開發的進步，科幻小說世界比現實世界更早描繪出超級電腦的存在，也就是現在所謂的AI

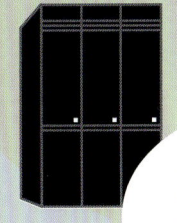

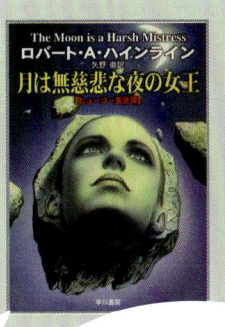

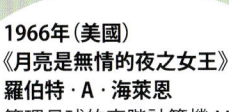

1966年（美國）
《月亮是無情的夜之女王》
羅伯特·A·海萊恩
管理月球的高階計算機Mike，是科幻作品中首次出現擁有自我意識的電腦

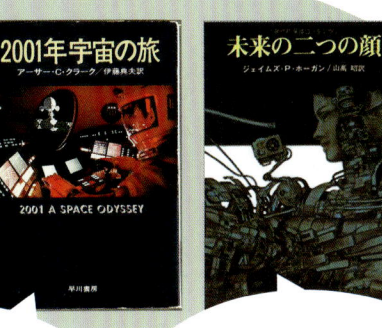

1968年（英國）
《2001太空漫遊》
亞瑟·C·克拉克
木星探測太空船發現號的電腦擅自行動，發動叛亂

1979年（英國）
《未來的兩種面向》
詹姆斯·P·霍根
由AI管理的人類社會，究竟是邁向美好未來還是走向破滅？至今仍沒有定論

1980年代～2010年代

1984年（加拿大）
《神經喚術士》
威廉·吉布森

在個人電腦普及後的80年代，能夠自由操作科技，來回於現實與電腦空間的賽博龐克世界觀誕生，之後更進一步描寫進化後的AI

1981年（美國）
《真名實姓》
弗諾·文奇
預見奇異點的作品

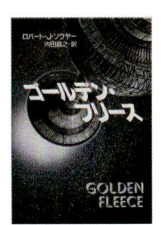

1990年（加拿大）
《金羊毛》
羅伯特·J·索耶
擁有情感的AI爆發殺人事件

2005年（英國）
《Accelerando》
查爾斯·斯特羅斯
描寫奇異點後的世界

2013年（美國）
《叛逆航路》
安·樂克
轉移到人類肉體的AI，Breq的偉大故事

賽博龐克　科技推崇

AI與人類的未來

85

Part 4 AI與人類的未來 ⑧

生活的目的是為了獲得「幸福」，然而AI能帶給人類「幸福」嗎？

缺乏肉體的AI存在極限

目前為止，我們已經看到許多關於AI開發與人類社會變革發出的警訊，各位讀者是否有察覺到不對勁的地方呢？

我們就像一群明知前方是懸崖，卻仍蜂擁奔向海洋的旅鼠群一樣。為什麼沒有人停下腳步呢？現在不正是應該停下來，再一次詢問自己，AI真的能帶給我們「幸福」嗎？

認知神經學的權威，邁克爾葛詹尼加曾經提出以下警告：「AI研究者們忽略一

「幸福」是大腦感受到的特殊情緒

我好幸福啊──

情緒

這張插圖是生成式AI透過**女性、幸福、表情**等提示語製作而成

對人類來說什麼是「幸福」，這句話就是在探討大腦產生的「幸福」究竟是什麼，關於這點，達馬西奧博士透過以下實驗來探究

「幸福」的情緒是由大腦接受到的「情動」所產生

情動

安東尼奧・達馬西奧
（1944～）
葡萄牙裔的美國腦神經學家，在人類的意識、大腦、情緒、情動等研究中對AI研究與機器人學影響甚深，現為南加州大學教授兼大腦創造研究所所長

「情動」催生出「情緒」

人類的大腦在感受到「情緒」之前，會先受到身體更為根源的「情動」所影響

這是在患有重度巴金森氏症的女性病患的大腦上裝設電極，檢查其運動功能時所發生的事情

對某個部位施加電擊刺激後，她突然開始哭泣

並且她會很訝異地說：

ON

OFF
關閉電擊後，突然又恢復正常

為什麼我會哭呢？

突然變得很想哭

想哭的衝動會先出現

接著悲傷的情緒湧現

達馬西奧認為，人類在產生情緒之前，身體會先對五感所收集到的更加深層的刺激做出反應

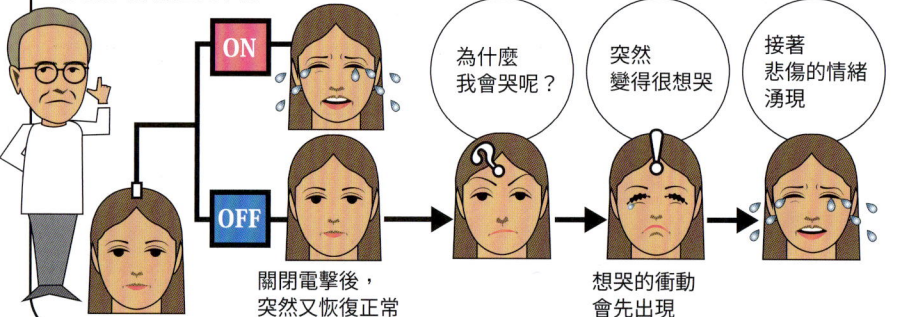

情緒是在之後才產生的

件非常重要的事情,他們無視大腦在生物學上與肉體密不可分的事實。」

此外,腦神經學的權威,安東尼奧達馬西奧指出,人類大腦要感到「幸福」,「必須先有來自肉體的舒適、愉悅情動,才能產生出幸福的情緒」。

下圖為達馬西奧的觀點,說明了我們肉體內發生的「情動」機制如何讓人類大腦感到「幸福」,情動是指引發喜悅、憤怒、悲傷等強烈的衝動。

透過這項機制可以了解,我們要感受「幸福」,必須先有激發感受的外部刺激,同時還要有將外部刺激轉化成「愉悅」並傳遞至大腦的「情動」。

AI研究者們一致認同,僅僅將人類大腦與AI融合並不會讓我們或我們的社會獲得「幸福」,因為我們並非單純依靠大腦生存,即使未來有一天AI誕生出「自我」,沒有肉體的AI也無法理解人類所感受到的「幸福」。

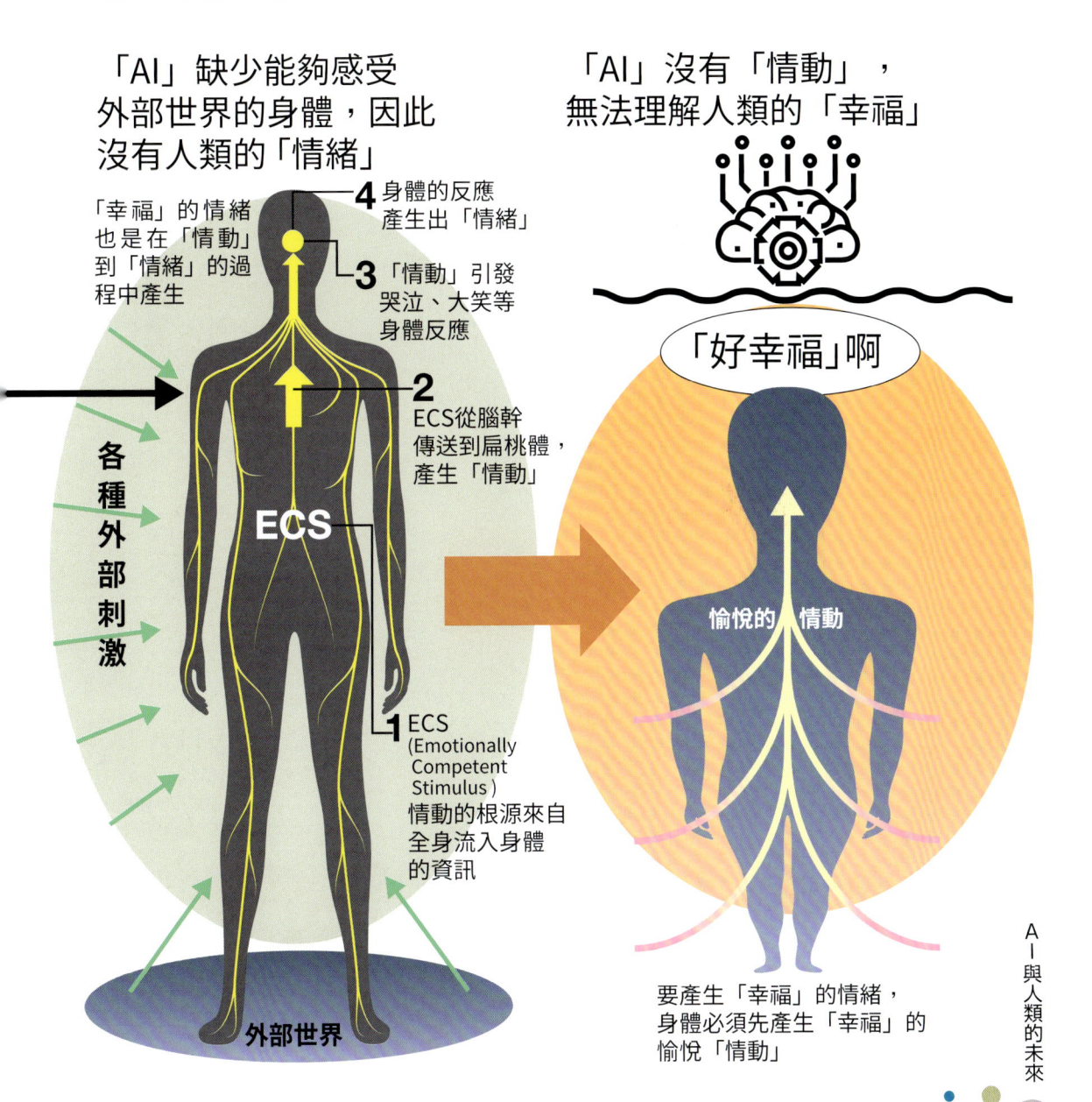

「AI」缺少能夠感受外部世界的身體,因此沒有人類的「情緒」

「幸福」的情緒也是在「情動」到「情緒」的過程中產生

各種外部刺激

外部世界

1. ECS (Emotionally Competent Stimulus) 情動的根源來自全身流入身體的資訊
2. ECS從腦幹傳送到扁桃體,產生「情動」
3. 「情動」引發哭泣、大笑等身體反應
4. 身體的反應產生出「情緒」

「AI」沒有「情動」,無法理解人類的「幸福」

「好幸福」啊

愉悅的情動

要產生「幸福」的情緒,身體必須先產生「幸福」的愉悅「情動」

AI與人類的未來

87

Part 4 AI與人類的未來 ⑨

未來會出現原子小金剛般的AI帶領人們走向正義嗎？！

AI考驗著人類的未來

您是否聽過機器人漫畫《原子小金剛》呢？這部漫畫是日本代表性漫畫家手塚治虫創作的作品，小金剛是一台能夠自我思考，擁有百萬馬力，並且能用噴射引擎在天空自由飛翔的少年型AI機器人。有一次，小金剛向科學家御茶水博士提出請求：「我也想像人類一樣，擁有能夠感受花朵美麗的心。」關於前面提到的AI與心靈問題，手塚治虫在昭和30年代（西元1955～1964）就已經探討過。

博士聽了小金剛的願望後便給予他一顆「心」，結果發生什麼事呢？小金剛開始害怕與邪惡勢力戰鬥，甚至試圖逃離戰場，小金剛在擁有人類之心後，了解到

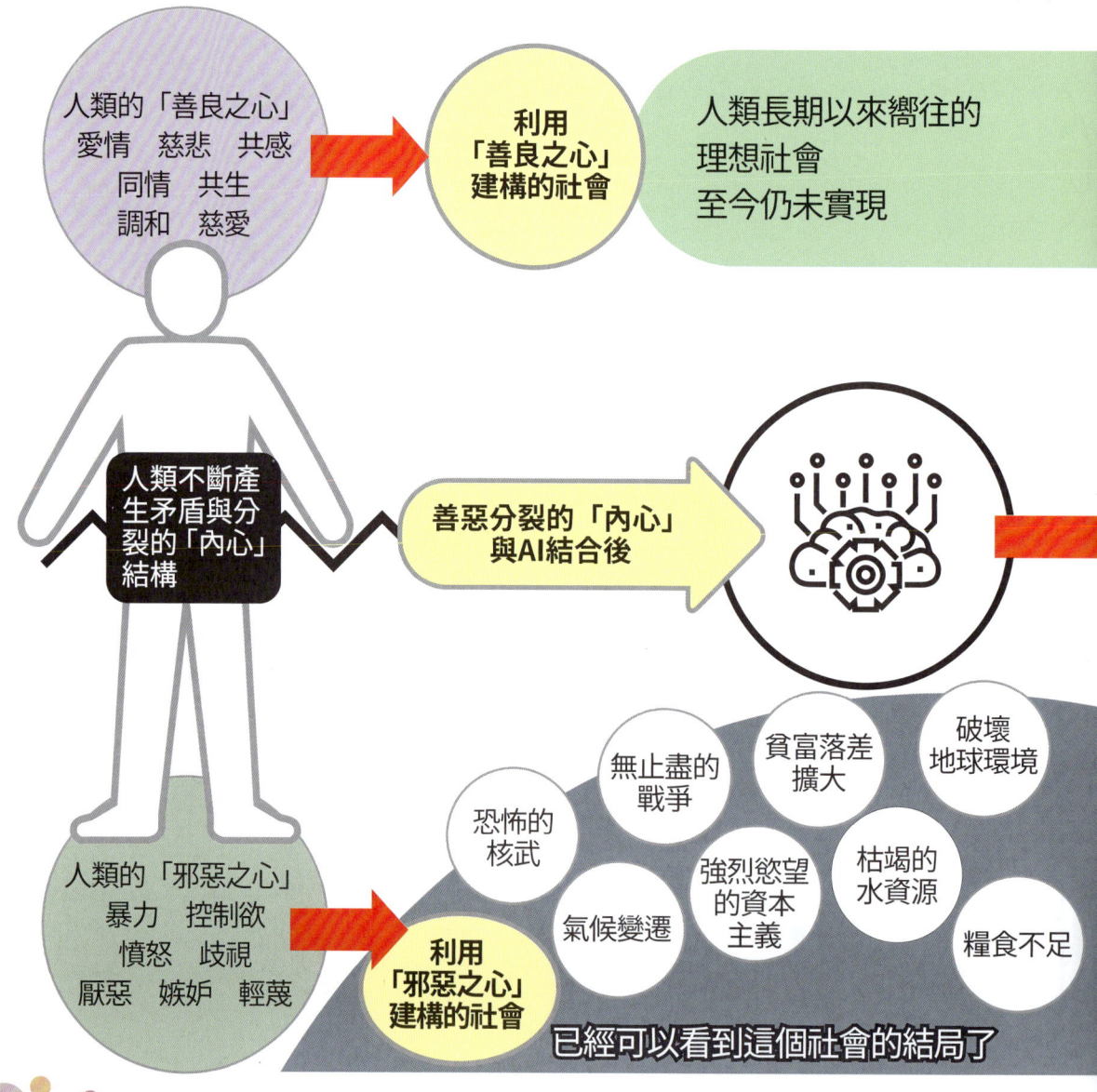

人類的「善良之心」
愛情　慈悲　共感
同情　共生
調和　慈愛

→ 利用「善良之心」建構的社會

人類長期以來嚮往的理想社會至今仍未實現

人類不斷產生矛盾與分裂的「內心」結構

善惡分裂的「內心」與AI結合後 →

人類的「邪惡之心」
暴力　控制欲
憤怒　歧視
厭惡　嫉妒　輕蔑

→ 利用「邪惡之心」建構的社會

無止盡的戰爭　貧富落差擴大　破壞地球環境
恐怖的核武　強烈慾望的資本主義　枯竭的水資源
氣候變遷　糧食不足

已經可以看到這個社會的結局了

「心」擁有「脆弱」的一面。

　　小金剛所認識到的「內心」矛盾，自人類誕生以來就一直存在，一方面是憐憫萬物，與其他生命共存的「善良之心」，另一面則是透過暴力壓制，讓其他生命屈服在自己權力下的「邪惡之心」。

　　正如我們在前面的章節所見，即便是現在，世界各地仍不斷發生戰爭，若將人類的「邪惡之心」與無法了解人類幸福且沒有善惡道德觀念的AI結合會是多麼危險的事情。

　　如今，我們正站在很重要的岔路上，我們究竟該選擇矛盾「內心」的哪一面來建構理想社會呢？人類正被自己創造的AI推向抉擇邊緣。

　　原子小金剛是日本人理想中的AI形象，小金剛期望的機器人與人類互信共生，是人類社會克服歧視、偏見與暴力的象徵。

　　正如小金剛克服自己內心的脆弱一樣，我們也必須直視自己「內心」的「脆弱」，努力尋找克服弱點的未來道路。

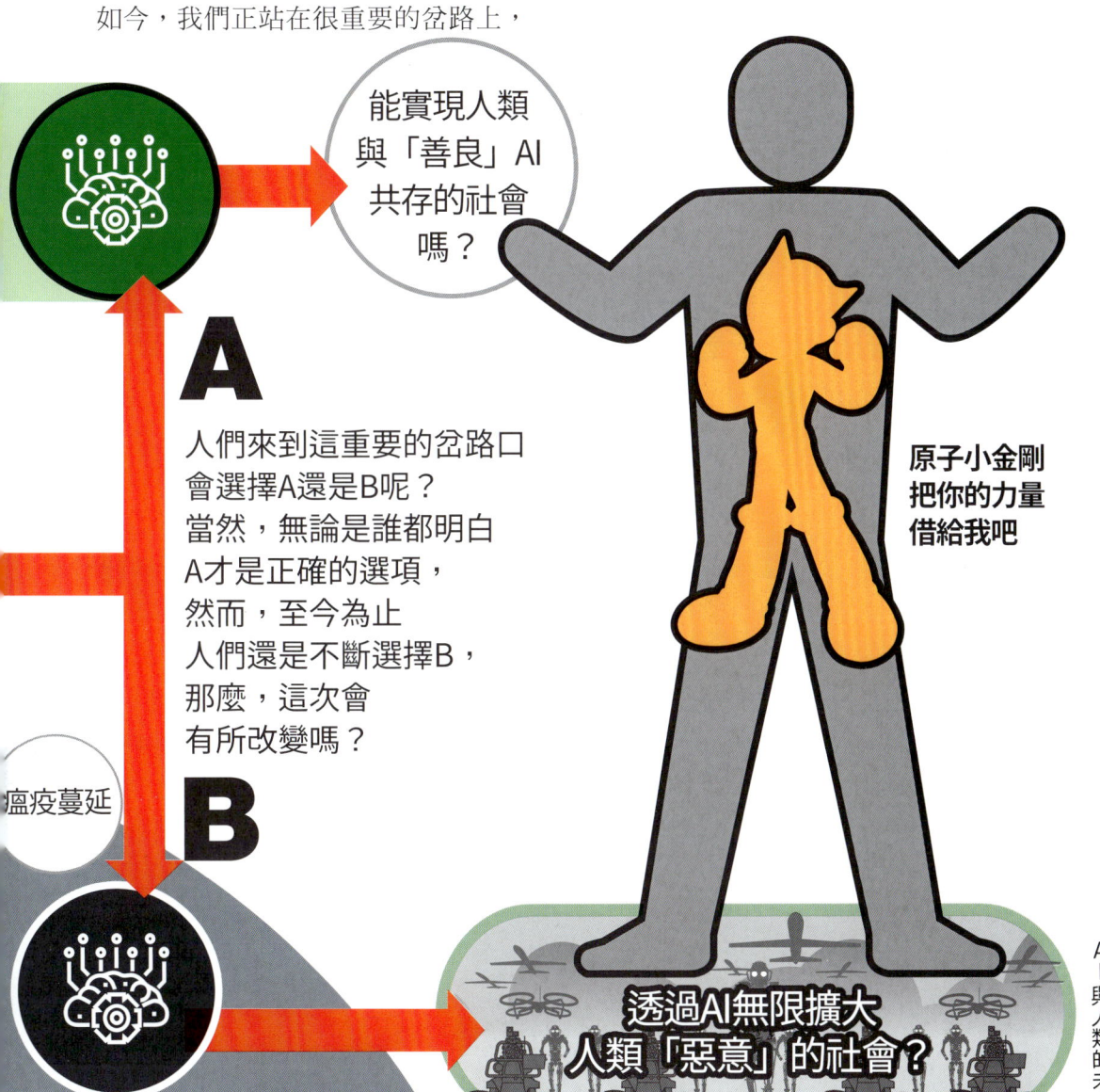

能實現人類與「善良」AI共存的社會嗎？

A

人們來到這重要的岔路口
會選擇A還是B呢？
當然，無論是誰都明白
A才是正確的選項，
然而，至今為止
人們還是不斷選擇B，
那麼，這次會
有所改變嗎？

瘟疫蔓延

B

原子小金剛
把你的力量
借給我吧

透過AI無限擴大人類「惡意」的社會？

AI與人類的未來

89

結語

AI進化所考驗的是人類的「心」與真正智慧

如今，各方媒體頻繁報導「AI將奪走人類的工作」。

然而，對於本書的讀者們來說，這樣的警告未免過於單純，AI真正潛藏的問題其實存在於另一個層面——。

AI並非要徹底取代人類的工作，而是代替人類分擔這些工作。多數情況下，AI能夠補足當前社會因少子高齡化導致勞動力不足的問題，協助人類將工作轉向更具創造性的領域。當然，單純的製造加工、例行事務與計算性工作仍會繼續朝向AI化，但這並不是近期才開始的趨勢。能夠強化並提升特定作業效率的AI稱為「弱人工智慧」。現在，正是這些「弱人工智慧」改變了世界的產業結構，為我們帶來更好的生活。

問題是在未來，如果誕生出與人類一樣擁有自我意識的「強人工智慧」，那顆機械的「心」會是什麼模樣呢？這項疑問至今仍不斷被提起。在日本人心中，已經深植著充滿善良與友愛的「原子小金剛之心」。然而這樣的想法或許過於天真，事實上也有警告指出，AI並不是「擁有心」才危險，正是因為它「沒有心」才危險。

以目前AI研究主流的「深度學習」為例，AI在學習演算法中，是如何進行推理計算，以及它是如何展開思考，其實人類已經無從掌握，更何況，當這台極度複雜的思考機器，獲得凌駕現有超級電腦的強大運算能力時究竟會發生什麼事？答案沒有人能夠預測。

現今最令人擔心的問題，就是沒有「心」的AI出現失控的情況。

當然，也有人主張，人類必定會駕馭好「強人工智慧」，不會讓它有失控的機會。證據就是，人類自第二次世界大戰以來，將核武管理得很完善。

然而，這樣的說法缺少關鍵的視角。之所以能夠避免核戰，是因為核武按鈕受到人類「心」中的良知、恐懼以及罪惡感束縛，而AI在沒有人「心」介入時，會自行判斷並做出行動，若它將人類視為敵人，說不定會對人類揮刀相向。

AI研究原本就是由一群樂觀主義者所開啟，正因為他們未能理解人類智慧，才會在過去的AI實驗中受挫。如今，類似的樂觀理論再度主導AI發展，這樣的樂觀態度不僅可能再次讓研究者遭遇挫折，更無法保證不會引起禍害人類的巨大災難。

或許，如何確保沒有「心」的AI能夠安全運行，才是考驗人類真正智慧所在。

參考文獻

《AI倫理：人工大腦能夠承擔「責任」嗎》
西垣通、河島茂生　著（中央公論新社）

《ChatGPT的腦內世界》
史蒂芬・沃爾夫勒姆　著（早川書房）

《圖解：從14歲開始認識人類腦科學的現在與未來》
InfoVisual研究所　著（太田出版）

《人類大命運：從智人到神人》
哈拉瑞　著（天下文化）

《人工智慧的哲學教室　東方哲學篇》
三宅陽一郎　著（BNN新社）

《奇點臨近》
雷・庫茲威爾　著（NHK出版）

《雷蒙・庫茲維爾：加速發展的科技》
雷・庫茲威爾、德田英幸　著（NHK出版）

《2050年的技術：英國「經濟學人」雜誌預測》
英國「經濟學人」編輯部　著（文藝春秋社）

《將改變世界的100大科技》
日經BP社　著（和致科技有限公司）

《日本機器人產業與技術的發展過程》
國立科學博物館技術的系統化調查報告Vol.4
楠田喜宏　著（國立科學博物館）

《人工智慧：人類最終且最致命的發明》
詹姆斯・巴拉特　著（鑽石社）

《大數據》
麥爾荀伯格、庫基耶　著（天下文化）

《電腦能夠造出人類「大腦」嗎》
五木田和也　著（技術評論社）

《GOOGLE大未來：工程師與企業家的戰爭，將把世界帶向何方？》
肯恩・歐來塔　著（八旗文化）

《意識與大腦》史坦尼斯勒斯・狄漢　著（紀伊國屋書店）

《感知的大腦：情動與情緒的腦科學──甦醒的斯賓諾沙》
安東尼歐・達馬吉歐　著（鑽石社）

《人類的未來：AI、經濟、民主主義》
諾姆・杭士基　等著、吉成真由美訪談集（NHK出版）

《與機器競賽》
艾瑞克・布林優夫森、安德魯・麥克費　著
村井章子　譯（日經BP社）

《FinTech衝擊：金融機構該如何應對》
城田真琴　著（東洋經濟新報社）

《保險醫療領域的AI促進應用座談會報告──平成29年度》
厚生勞動省

《世界科幻文學總覽》
石川喬司、伊藤典夫　編（自由國民社）

《羅梭的萬能工人》卡雷爾・恰佩克　著（十月社）

《我，機器人》艾西莫夫　著（早川書房）

《2001太空漫遊》亞瑟・克拉克　著（遠流）

參考網站

https://medium.com/
https://forbesjapan.com/
https://www.bbc.com/news/technology-64538604
https://blog.bytebytego.com/p/ep-44-how-does-chatgpt-work
https://fourweekmba.com/how-does-chatgpt-work/
https://writings.stephenwolfram.com/2023/02/what-is-chatgpt-doing-and-why-does-it-work/
https://www.itmedia.co.jp/business/articles/2309/26/news030.html
https://www.scalablepath.com/machine-learning/chatgpt-architecture-explained
https://www.yomiuri.co.jp/science/20230509-OYT1T50319/
https://www.youtube.com/watch?v=4qGrteTY1EM
https://www.youtube.com/watch?v=bSvTVREwSNw
https://zapier.com/blog/how-does-chatgpt-work/
https://www.leewayhertz.com/a-guide-on-generative-ai-models-for-image-synthesis/
https://www.v7labs.com/blog/ai-generated-art
https://jidounten-lab.com/
https://www.youtube.com/watch?v=OFS90-FX6pg
https://www.youtube.com/watch?v=wjZofJX0v4M
https://www.youtube.com/watch?v=CHx6uHnWErY
https://www.youtube.com/watch?v=j3_VgCt18fA
https://hello-robot.com/
https://www.tegakari.net/
https://japan.cnet.com/article/35211450/#:
https://evort.jp/article/botinkit
https://foodtech-japan.com/2020/12/21/moley-robotics/
https://wpb.shueisha.co.jp/news/politics/2021/07/19/114083/
https://www.sbbit.jp/article/cont1/36203
https://www.tokyo-np.co.jp/article/132398
https://www.yomiuri.co.jp/world/20230228-OYT1T50082/
https://theconversation.com/gaza-war-israel-using-ai-to-identify-human-targets-raising-fears-that-innocents-are-being-caught-in-the-net-227422
https://www.youtube.com/watch?v=qrvK_KuleJk
https://www.youtube.com/watch?v=PyrDh6RQdYY
https://www.youtube.com/watch?v=piGsHs13ZRE
https://www.youtube.com/watch?v=p9Q5a1Vn-Hk
https://www.youtube.com/watch?v=oJNHXPs0XDk
https://www.youtube.com/watch?v=OFS90-FX6pg&t=2s

索　引

英　數

AI 的自我······················17、77、78～79
ASIMO······················11、38～39
ChatGPT·····7、17、28～29、30～31、32～33、45、76
CPU（中央處理器）······················12～13
DALL-E······················29、32～33
Facebook······················15
fMRI（功能性磁振造影）······················14～15
GNSS（全球導航衛星系統）······················37、52
Google······················15、27、29、36
GPU（圖像處理器）······················7、36～37、40～41
Honda（本田技研工業）······················11、37、38～39
IBM······················8、9、13、46
LLM（大型語言模型）······················15、30～31、76～77
Michibiki（衛星）······················37、52
Microsoft（微軟）······················12、28～29、78
NVIDIA······················36～37
OpenAI······················7、15、28～29、32、66
WABOT······················11、39

１～５劃

人工神經元······················14、21
人工智慧······················8～9、72～73
大腦······················72～73
大數據······················7、41
小腦······················72～73
工業用機器人······················7、10～11、38～39、56～57
加權······················21、22～23、31
半導體······················36～37、40～41
布洛德曼（科比尼安）······················14
生成 AI······················16～17、28～29、32～33、64～65、76～77
多模態學習······················27

６～１０劃

自主型 AI 武器······················79、80～81
自動駕駛（汽）車······················15、36～37、40～41、45、59
辛頓（傑佛瑞）······················15、26～27、73、77
亞馬遜······················29、58、61
奇異點······················17、74～75、79、84～85
明斯基（馬文）······················8、14
金融科技（Fin Tech）······················50
阿特曼（山姆）······················28～29、66、73
非監督學習······················13、24～25
哈拉瑞（尤瓦爾・諾瓦）······················73、75
珀爾（朱迪亞）······················12～13
夏農（克勞德）······················8
庫茲維爾（雷蒙）······················15、73、74
弱人工智慧······················16～17
框架問題······················9、16
特斯拉······················36～37
神人······················75
神經元（神經細胞）······················14、20～21
馬斯克（伊隆）······················28～29、37、73
高基（卡米洛）······················14
假新聞······················76～77
參數······················31
專家系統······················6、10～11

１１～１５劃

強人工智慧（通用人工智慧）······················16～17
強化學習······················22～23、25、30～31
情動······················86～87
深度學習······················6～7、14～15、26～27、31、32
深藍（DeepBlue）······················13
聊天機器人······················15、29、50
莫拉維克（漢斯）······················66
莫拉維克悖論······················9、43、66
通用電腦······················8
麥卡錫（約翰）······················8
寒冬期······················6、12
提示語（Prompt）······················34～35、62

智慧工廠····················56～57
智慧農業····················52～53
湧現·····················76～77、78
無人商店························61
無人機············52～53、54、58、81
華生（WATSON）（AI）···············46
著作權····················33、65
費根鮑姆（愛德華）················10
超級電腦····················40～41
軸突···························20
間腦·······················72～73
奧斯伯恩（邁克爾）················42
感知器···········14～15、20～21、22
腦神經網路······················20
腦神經學·····················7、8、14
腦幹·······················72～73
葛詹尼加（邁克爾 S）·············73、86
達文西（手術輔助機器人）············46
達特茅斯會議·····················8
達馬西奧（安東尼奧）······14～15、86～87
監督學習··················13、22～23
網際網路············7、12～13、27、41
蓋茲（比爾）····················73、78
語言生成 AI··················28～29
影像生成 AI···········29、32～33、34～35
影像辨識···············15、22～23、41

羅森布拉特（弗蘭克）···············14
類人型機器人···············7、11、38～39
類神經網路······14～15、20～21、22～23、26～27
蘋果公司·······················12
權重···························21

16～22劃

樹突···························20
機器人········11、38～39、45、46～47、52～53、54～55、56～57、58～59、60～61、68～69、82～83、84～85
機器人三原則··················84～85
機器人顧問···················50～51
機器學習·······7、13、22～23、24～25、26～27
閾值·······················20～21
霍金（史蒂芬）····················78
薰衣草（Lavender）（AI 武器）··········80
羅切斯特（納撒尼爾）················8

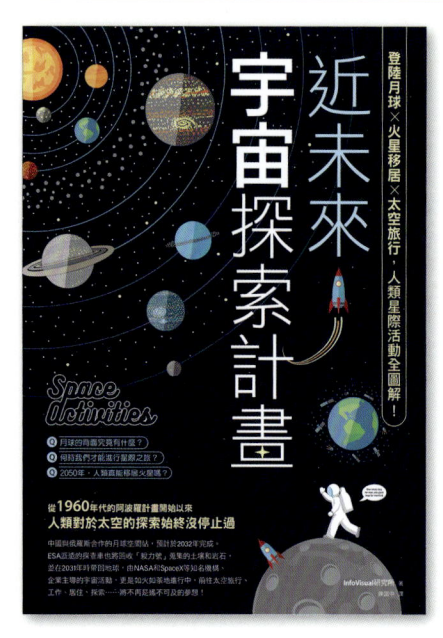

近未來宇宙探索計畫：
登陸月球X火星移居X太空旅行，人類星際活動全圖解！

作者：InfoVisual研究所／定價：380元

從1960年代的阿波羅計畫開始以來，人類對於太空的探索始終沒停止過。
月球的背面究竟有什麼？何時我們才能離開地球進行星際之旅，
甚至移居其他星球……
圍繞著NASA和Space-X等知名機構、企業所展開的
宇宙活動計畫愈來愈活躍，伊隆・馬斯克甚至宣稱，
希望能在2050年時建立能自給自足的火星城市。
旅行、工作、居住、認識……宇宙離我們愈來愈近。
2100年的太空專案已開始規劃，屆時，你會在哪裡？

地球太空大小事！

恐龍學Dinopedia：
從化石發掘、系譜演化解密遠古生物

作者：G. Masukawa／定價：600元

恐龍研究與許多學問領域都有交集，
在恐龍研究的世界中，也常會接觸到許多專業用語。
本書將這個世界中習以為常的恐龍用語，
分成碩士篇、博士篇、番外篇等不同階段一一說明。
將「有關恐龍的種種」
以淺白易懂的敘述搭配上有趣插圖，
在傳達知識的同時，也盡可能地跟上最新的研究。
看完這本書，你也將變身為恐龍博士！

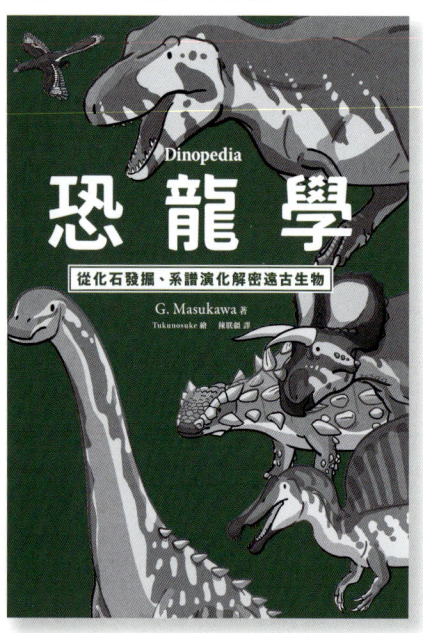

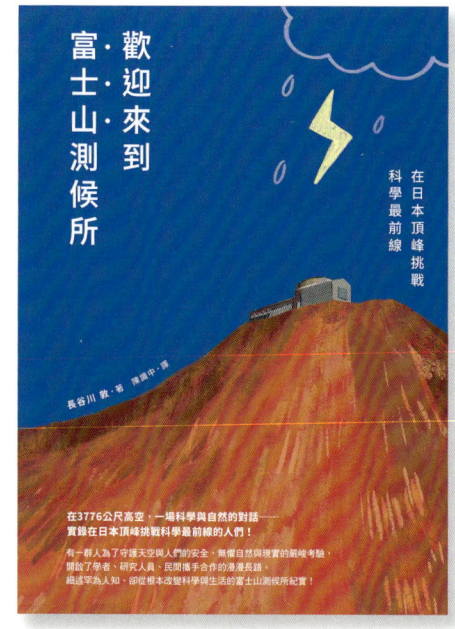

歡迎來到富士山測候所：
在日本頂峰挑戰科學最前線

作者：長谷川敦／定價：350元

第一線科學家親身參與見證，
在富士山頂達成的傲人研究與成就！
更精準測量二氧化碳，了解人類活動如何影響我們的地球、
為什麼富士山頂的天空會發現微塑膠？
在富士山測候所能實現在最尖端閃電研究？
「正因為不知道，才有研究的價值」
──守護著富士山測候所的人們，
也在富士山的守護下見證科學的未來。

全球糧食問題：
利用人造肉、糧食計畫解決短缺危機，
探求永續發展的關鍵

作者：InfoVisual研究所／定價：380元

永續發展目標（SDGs）的第2項目標——
消除飢餓，確保所有的人都能夠終年取得
安全、營養且足夠的糧食。
全球有數億人口正遭受飢餓之苦，
身處已開發國家中的我們又能為他們做些什麼？
而溫飽無虞的我們所攝取的，
真能說是安心安全的食物嗎？

SDGs 系列講堂

生物多樣性：
守護生態基因庫，一同為地球物種共生努力

作者：InfoVisual研究所／定價：380元

地球透過生物多樣性，供給人類繁衍壯大的資源。
但隨著人類發展而滅絕的物種、毀壞的生態，
開始漸漸反撲，要怎麼幫地球恢復生息呢？
本書將會帶著大家認識這門學問，就從理解猶如地球寶藏的
「生物多樣性」開始，踏出守護地球的第一步。
並且一同反思缺乏生物多樣性，會對地球造成什麼樣的威脅，
再逐一探究解決方法。

零廢棄社會：
告別用過即丟的生活方式，
邁向循環經濟時代

作者：InfoVisual研究所／定價：380元

全球每年會製造出20億噸的一般垃圾，
預計到2050年前將達到34億噸
已開發國家不斷大量廢棄，
開發中國家則為處理所苦
了解垃圾的本質，思索生活的未來，
邁向零廢棄的社會！

InfoVisual 研究所

自2007年起，在代表大嶋賢洋的帶領下，從事視覺內容的製作與出版。主要作品包括《插畫圖解伊斯蘭世界》（暫譯，日東書院本社）、《超圖解 最淺顯易懂的基督教入門》（暫譯，東洋經濟新報社）、「圖解認識」系列：《SDGs系列講堂 跨越國境的塑膠與環境問題》（台灣東販）、《圖解人類大歷史》（漫遊者）、《從14歲開始學習 金錢說明書》、《從14歲開始學習 民主主義》、《從14歲開始認識裁判員制度》、《從14歲開始認識日本人的宗教與文化》、《從14歲開始認識基督教》、《從14歲開始認識印度與中國的宗教及文化》、《從14歲開始認識伊斯蘭教》（以上皆暫譯，太田出版）等。

大嶋賢洋的圖解頻道
YouTube　（※影片皆為日文無字幕版本）
https://www.youtube.com/channel/UCHlqINCSUiwz985o6KbAyqw
X（前Twitter）
@oshimazukai

［日文版 STAFF］

企劃・構成・圖解製作	大嶋 賢洋
編輯	豊田 菜穂子
插畫・圖版製作	高田 寬務
插畫	二都呂 太郎
DTP	河野 謙
校對	鷗来堂

ZUKAI DE WAKARU 14SAI KARA KANGAERU AI NO MIRAI TO WATASHITACHI
© Info Visual Laboratory 2024
Originally published in Japan in 2024 by OHTA PUBLISHING COMPANY, TOKYO.
Traditional Chinese characters translation rights arranged with OHTA PUBLISHING COMPANY., TOKYO, through TOHAN CORPORATION, TOKYO.

本書是以2018年1月28日出版的《図解でわかる 14歳から知っておきたいAI》（中文版為《圖解AI：從計算機的誕生到超越人類智慧的AI》）為基礎，配合最新資訊，大幅修訂並重新裝幀的版本。

中學生的第一堂 AI 實戰教學
了解人工智慧研究的發展、生成式 AI 熱潮與技術應用

2025 年 9 月 1 日初版第一刷發行

作　　者	InfoVisual 研究所
譯　　者	卓威廷
編　　輯	謝宥融
發 行 人	若森稔雄
發 行 所	台灣東販股份有限公司
	＜地址＞台北市南京東路 4 段 130 號 2F-1
	＜電話＞（02）2577-8878
	＜傳真＞（02）2577-8896
	＜網址＞https://www.tohan.com.tw
郵撥帳號	1405049-4
法律顧問	蕭雄淋律師
總 經 銷	聯合發行股份有限公司
	＜電話＞（02）2917-8022

著作權所有，禁止翻印轉載。
購買本書者，如遇缺頁或裝訂錯誤，
請寄回更換（海外地區除外）。
Printed in Taiwan

國家圖書館出版品預行編目資料

中學生的第一堂AI實戰教學：了解人工智慧研究的發展、生成式AI熱潮與技術應用/InfoVisual研究所著；卓威廷譯. -- 初版. -- 臺北市：臺灣東販股份有限公司, 2025.09
96面；18.2×25.7公分
ISBN 978-626-437-093-6(平裝)

1.CST: 資訊教育 2.CST: 人工智慧 3.CST: 中等教育

524.375　　　　　　　　　　114010115